吉田松陰と高杉晋作の志

太郎
Ichisaka Taro

ベスト新書
452

はじめに

明治維新の狼煙《のろし》のひと筋は、本州最西端の長州藩から揚がりました。三方が海に囲まれた長州藩の萩で松下村塾《しょうかそんじゅく》を主宰した吉田松陰《しょういん》と、その志を継いだ門下生高杉晋作《しんさく》。この二人の若い武士を突き動かしたものは、一体何だったのでしょうか。幕末という激動の中に立たされた二人の若者は、どんな志を持っていたのでしょうか。どんな訓練をして、みずからの心を鍛えていたのでしょうか。これまで私は史料や逸話から探っては考え、話し、書いてきました。二十数年来、二人の魅力を語り続け、私の声はいまだ嗄《か》れません。

本書は平成十六年、ベスト新書の一冊として出した『松蔭と晋作の志』を大幅に加除したものです。これまで行ってきた講演を整理しながら、談話調で松陰と晋作の志にスポットを当て、特に現代への強烈なメッセージを放つ部分を中心に書き進めたつもりです。どうか、幕末の若者たちの叫びに耳を傾け、明日の日本を考えるきっかけにして頂ければこれに勝る喜びはありません。

『吉田松陰と高杉晋作の志』目次

第四章　めだかの学校

第七章　世界を敵にして

第八章　幕府との決戦

第一章　スイッチマン登場

吉田家を継ぐ

明治維新のスイッチマンともいうべき吉田松陰《しょういん》が長州萩《はぎ》の松本村（現在の山口県萩市椿東《ちんとう》）に生まれたのは、天保《てんぽう》元年（一八三〇）八月四日のことです。

通称ははじめ虎之助、大次郎、松次郎といい、最後に寅次郎としました。諱《いみな》（本名）は矩方《のりかた》で、最も良く知られる松陰は号です。他に、夢の中で神から授かったという二十一回猛士という過激な号もあります。何が過激なのかというと、自分は生涯、二十一回の「猛挙」を実行するとの決意を託した号なのです。

松陰は吉田家の生まれではありません。無給通《むきゅうどおり》という長州藩の階級の中では「下士」とされる杉家の次男坊です。その頃、杉家は松本村の団子岩という高台に居を構え、半士半農の生活を送っていました。

父は杉百合之助《ゆりのすけ》、母は滝《たき》、兄弟は兄と弟が一人ずつ、妹が四人（ただし一人夭逝）いました（詳しくは巻末で松陰の家族を紹介しますが簡単に触れておきましょう）。

父は学問好きな人で、幼い松陰とその兄梅太郎（のち民治《みんじ》）を田畑に連れ出し、四書五経や歴史書などを暗唱口授しながら、農作業を行ったといいます。あるいは寸暇を惜しんで読書するよう、つねに子供たちを戒《いまし》めました。松陰は、そんな雰囲気の家庭に育ったのです。

松陰は次男ですから、養子に出されます。五歳で馬廻り（大組・八組）吉田家（家禄五十七石）に仮養子として入り、義父の死によって六歳で家督を相続したのでした。義父にあたる吉田大助は、実は松陰の父の上の弟で、叔父にあたる人でした。

松陰生家跡（萩市）

吉田は代々、山鹿素行《やまがそこう》を祖とする山鹿流の兵学師範を勤めた家です。学者も世襲の時代ですから、松陰も吉田家八代目を継いだ時点で、将来、長州藩の兵学師範になる運命が決まりました。ただし、義父が亡くなったので、松陰は生家である杉家で育てられることになります。

幼少期の松陰の教育に熱心だったのは、玉木文之進《ぶんのしん》という先生でした。

玉木は松陰の実父の下の弟、つまり血の繋がった叔父に当たります。しかし玉木は、叔父だからとか、甥だからとか、甘っちょろいことは一切言わない。松陰を兵学師範にするため、徹底したスパルタ教育を施します。

玉木は質実剛健をモットーにした、古武士のような人。幕末には地方の代官などを歴任し、あるいは家塾を開いて子弟の教育にあたりました。ところが、明治九年（一八七六）十一月、不平士族が蜂起した「萩の乱」に自分の門人数名が参加したことにより、先祖の墓前で自決します。六十七歳でした。この壮絶な最期を見ても、自らを律《りっ》することに、どれ程厳しい人だったかが分かります。

そんな玉木から、松陰が受けた教育について、たとえばこんな逸話が残っています。

ある夏の日、玉木がまだ五、六歳の松陰相手に農作業をしながら学問を教えていた時のこと。本を読んでいた松陰の額に、蚊が飛んできて止まったというのです。

松陰は何げなく手で蚊を払い除けたのですが、これを見ていた玉木が、烈火のごとく怒って飛んできました。そして松陰に、殴る蹴るの凄まじい折檻《せっかん》を加えたのです。松陰は泣きわめきますが、玉木は容赦しません。

玉木が折檻した理由はこうです。

松陰がいま本を広げてやっている学問は、「私」のためにやっているのではない。身につけた学問を、将来、殿様のために役立て、藩のために役立て、天下国家のために役立てるためにやっている。いわば「公」のことをやっているのだ。その最中に、蚊が止まって痒いというのは「私」ごとである。

お前はいま公私混同をしたというのです。

松陰は、このように私心を捨て去る訓練をしながら、育てられました。武士の人生の大きな課題は「滅私奉公《めっしほうこう》」です。「滅私奉公」という考えは、ある種恐ろしい部分があることは確かです。特に政治にでも利用され、エスカレートした場合などは最悪です。そもそも「私」の部分もなければ、人間面白くないでしょう。

なぜ学問するのか

もし、現代人が玉木と松陰の逸話から学ぶものがあるとすれば、それは学問に対する心構えではないでしょうか。たとえばいま、子供に、「なぜ勉強しなければならないのか」と質問されたとします。

子供にすれば足し算、引き算、九九あたりまでは面白いが、複雑な掛け算になり、割り算になり、因数分解になってくると、どうも面白くない。こんな難しいことを一生懸命やったところで、日常生活の上で一体何の役に立つのだろうかという、素朴な疑問も生まれてくる。だからこそ、勉強することの意味を大人に尋ねてみるわけです。

そんな時、大人は何と答えるのでしょうか。多くの大人たちは、「勉強とは自分のためにするものだ」と答えるのが関の山でしょう。この場合の「自分のため」とは、自分の私利私欲のための勉強です。いい学校に入り、いい会社に入り、社会的地位や収入の高い仕事に就く。そのために、しっかり頑張っておきなさい、他人に負けては駄目ですよと諭すわけです。

これは、学問は「公」のためにやるのだとの玉木の教えとは、対極に位置する考えであると言えます。こんな利己主義を胸に、受験勉強を戦い抜いた子供が大人となり、「勝ち組」として現代社会において重要なポジションを占めているとすれば、やはり恐ろしいことです。

玉木の考えを、現代にそのまま通用させることには、確かに無理があるでしょう。しかし「天下国家」を、「社会」という言葉に置き換えたとしたら、案外スムーズに理解できる話ではないでしょうか。

「勉強は、将来社会の一員として貢献できる人間になるためにやるんだ。だからいま、しっかり勉強しなさい」

そんな勉強の崇高な「志」を、子供に説くことができる大人が、一人でも多くいて欲しいものです。

なお、松陰は九歳で藩校明倫館《めいりんかん》に出仕して教授見習いとなり、十歳で後見人付きですが教壇に立ち、兵学を講義するようになります。さらに十九歳で師範として独立し、二十二歳で後見人林真人（百非《ひゃくひ》）から極秘三重伝の山鹿流最高の免許を受けました。

萩へ封じ込められる

松陰の生まれ育った長州藩について、簡単に触れておきたいと思います。

長州藩は、現在の山口県です。国境はまったく変わっていません。長州藩イコール山口県と考えてもらって結構です。

本州の最西端に位置する長州藩を統治していたのは、毛利《もうり》という大名で、城は日本海に面した萩に築かれていました。萩は三方が山に囲まれ、一方が日本海に面しています。阿《あ》武《ぶ》川という大きな川が、日本海に注ぐ手前で橋本川と松本川に分かれ、その間にできた三角洲（デルタ）です。

地名の由来は、この地が古くから椿と呼ばれていたのが、「ツ」を外した「バギ」が「ハギ」になったとか、東雲寺という寺の前に、萩の大木を使って建てられた観音堂があったのがもとになっているとか、いくつか説はあるようですが、確かなことは分からないようです。

地図で見ると、毛利氏がなぜ交通の不便な萩の地に城を築いたのか、ちょっと理解できないと思います。それは萩にしか築城ができなかった事情があるのです。

元来、毛利氏の出自は萩ではありません。以前は中国山脈の奥深くに位置する吉田荘（現在の広島県安芸高田市《あきたかた》）の地頭職《じとうしき》で、小さな山城である郡山城の城主でした。

ところが戦国時代になると、風雲に乗じた毛利元就《もとなり》が次第に勢力を拡大します。元就は権謀術策に長《た》け、戦いも上手かった。二十一歳の初陣から元亀《げんき》二年（一五七一）に七十五歳で没するまで、二百二十回以上の合戦を戦い抜いた元就は、大内や尼子《あまこ》といった大きな大名を制し、ついには中国地方のほとんどを支配下に置いてしまいます。

元就没後、家督を継いだ孫の輝元《てるもと》は、当初、豊臣秀吉と対立しますが、やがて和議を結びました。輝元は秀吉政権下で五大老の一人に列せられ、中国地方八カ国、百二十万石（異説あり）の大名として君臨を続けます。城も山陽道の要衝である安芸広島に構えました。

しかし秀吉没後の関ヶ原合戦で、輝元は西軍の大将としてかつぎ出され、徳川家康率いる東軍と対立することになります。結果は東軍が勝利し、家康の政権が確固たるものになり、江戸・徳川幕府の歴史の幕が開いたのは周知のとおりです。

実は、この合戦前には裏取引が行われていました。毛利方の吉川広家《きつかわひろいえ》は、徳川方と水面下で交渉し、輝元軍の参戦を阻止するかわり、毛利氏の領土保全の約束を取り付けていたのです。ところが家康は約束を反故《ほご》にし、敗れた毛利氏の取り潰しにかかります。

輝元は全領土を没収され、広島を追われました。しかし、吉川広家らが奔走したすえ、毛利氏は領土を大幅に削られながらも、なんとか存続を認められます。家康はあらためて輝元の子である秀就《ひでなり》に、周防《すおう》と長門《ながと》の二カ国（防長《ぼうちょう》二州）、三十六万九千石を与えたのです。

萩城跡（萩市）

こうして防長の地に封じ込められた毛利氏は、交通の発達した、情報も入りやすい、瀬戸内、山陽道の防府《ほうふ》を築城の候補地とし、事実築きたかったのだと思います。防府はその昔、周防の国の国府が置かれた地であり、日本三大天満宮のひとつ防府天満宮がありました。

ところが家康は、あまり便利な場所に危険な外様大名である毛利氏を置くことを分不相応であると考えたため、結局選ばれたのは日本海に面した萩だったのです。

輝元は三角州の北東にある指月山《しづきやま》の麓に城を築き、急ごしらえの埋め立てを行って城下町を開きました。こうして萩を本拠とする、長州藩三十六万九千石の歴史がスタートしたのです。

幕府打倒のエネルギー

以後、毛利氏は表面では徳川幕府に従順を装いながら、腹の中では怨念の炎を燃やし続けたといいます。

毎年正月、長州藩主と家老との間に交わされたと伝えられる秘密の挨拶があります。それは家老が、

「殿、今年いたしましょうか」

と問うと、藩主が、

「まだ早かろう」

と返事する。これは幕府を今年倒しにいきましょうか、いや、まだ早かろうという意味でした。

また、長州藩士の家では西に枕を向けて寝るという習慣があったとも伝えられます。もちろん足は、幕府のある江戸に向くわけです。

こうして長州藩は、ひそかに徳川に対する恨みを伝え続けたのです。幕末の討幕のエネ

ルギーは、二百数十年前の関ヶ原での敗戦、家康のだまし討ちにあるとの見方がありますが、あながち否定できないところです。

ただ、恨みだけでは幕府を倒すことができません。長州藩は産業の開発を熱心に行い、経済力を蓄えてゆきました。突出した特産品が四つあり、いずれも白い色をしていたので、「防長の四白《しはく》」と呼ばれるようになります。米・塩・紙・蠟《ろう》です。

防長二州は中国山地が東西に貫き、平野らしい平野がほとんどない。つまり米を作る面積が非常に狭いのです。

そこで幕府に内密に瀬戸内海側を開作し、新しい土地を拓《ひら》き田畑を増やします。あるいは山に、楮《こうぞ》とか櫨《はぜ》といった紙や蠟の原料になる木を植え、山間部の農家には、紙や蠟で年貢を納めさせます。幕末には産物方という役所を設け、庶民から錦織物などを直接安く買い上げて、上方で売りさばくシステムを作りました。

他にも本州の最西端である下関（馬関《ばかん》・赤間関《あかまがせき》）に寄港する北前船を相手に、倉庫業や金融業を行います。さらに、北前船の荷物を買い上げ、自分たちの手で大坂に運び、長州藩の蔵屋敷に貯蔵し、相場が上がるのを見計らって出荷する。本州の最西端という地の利を利用し、活発な経済活動を行ったので、下関は「山陽の小浪華《こなにわ》」と呼ばれるまでに発展します。

このような、さまざまな事業を展開し、財政改革にも成功した結果、江戸時代も終わりに近づく頃には、長州藩は表向きは三十六万九千石だが、実質は百万石の実力を備えた「西南の雄藩」のひとつとして台頭してくるのです。

幕末に日本全国を敵にまわして戦い抜いた長州藩が、最後には維新のイニシアチブを握ることができたのも、経済力があればこそです。優秀な軍艦や武器を大量に購入し、備えるだけの実力があったのです。たとえ精神力だけがあっても、現実問題として戦いには勝てないのです。

十一歳で御進講

幕府打倒の気運は脈々と受け継がれている、経済力も備わった。さて、あとは動き出す契機を作る、スイッチマンの登場を待つばかりとなりました。

ここに歴史が、吉田松陰という人物に役割りを与えるのです。

松陰は十一歳の時、藩主毛利慶親《よしちか》（のち敬親《たかちか》）の前で、山鹿流兵学書である『武教全書』の戦法篇三戦の節を御進講しています。御進講は、他の学業優秀な子供たちも行う一種の儀式のようなものですから、それ自体は珍しいことではありません。

ところが十一歳の松陰の堂々たる講義を聞いた慶親は、素直に感動してしまいます。以後、しばしば松陰を召し、講義をさせるようになりました。特に弘化《こうか》元年（一八四四）九月、十五歳の松陰が『孫子虚実篇』を御進講した時には、慶親はいたく感動し、中国戦国期の兵書解説書である『七書直解』を与えます。それだけではありません。慶親は山鹿流の免許皆伝を受けようとし、翌年一月、これが実現します。

つまり慶親は、松陰の兵学門人になったわけです。

松陰の伝記などでは、十一歳で御進講したことや、十五歳で藩主慶親から絶賛されたことに触れ、幼少の頃からいかに偉大であったかを説明します。もちろん松陰が早くから、抜きん出たすばらしい才能を発揮していたことは確かでしょうし、異論を挟む気は毛頭ありません。

しかし私は毛利慶親という藩主のこの時の態度も、もっと評価されていいのではないかと思うのです。

松陰が十一歳の時、慶親は二十二歳でした。普通だったら二十二歳の時に十一歳の子供の講義を受け、入門したいとは思いませんよね。いくらその講義が優れていても、二十二歳には二十二歳のプライドがありますから素直に受け入れるのは難しい。

ところが、慶親はそんな下らぬプライドで、みずからの目を曇らせることをしないのです。相手が何者であろうとも、良いものは良い。それを認める度量と素直さを持った殿様であったと言えます。人材を見出し、育てることに至上の喜びを感じていたのでしょう。

そんな慶親は、松陰を「発見」した時、どれ程喜んだことでしょう。また松陰も、慶親に認められることで、さらに奮起したことは想像に難くない。ちなみに、「人材」という単語は、長州藩の古文書の中に散見されます。意味は現代と同じ。

関ヶ原以来、長州藩は何度も滅亡の危機に瀕しています。その度に叡知《えいち》を出し合いながら、なんとか乗り切ってきました。そんな数々の実体験から、人が国を支えているのだという考えが根底に流れるようになっていたのでしょう。だからこそ「人材」であれば、積極的に登用して藩政に参加させようという気運が濃厚になったのです。

「そうせい侯」は名君

松陰を将来の人材と認めた毛利慶親は、無能な藩主のイメージで語られることがある人物です。特に歴史小説などでは、その傾向が顕著のようです。

慶親は、御前会議で家臣たちが激論を交わしていても、一言も発さない。最終的に決断を求められた時だけ、「そうせい」と返事する。右の意見でも、左の意見でも「そうせい」。よって「そうせい侯《こう》」と密かにあだ名されていたという話もある。

確かに、同じ幕末を生きた薩摩藩の島津久光《ひさみつ》や土佐藩の山内容堂《ようどう》のように、自分の意見を持ち、ぐいぐいと藩を引っ張ったワンマン指導者とは、かなり異なるタイプだったことは確かでしょう。

しかし、だからといって「馬鹿殿」とは限らない。慶親は、村田清風《せいふう》を登用し、財政整理と文武興隆、つまり天保の改革に着手したことは、良く知られます。

ところが、清風を登用するについては、藩内から激しい反対の声が起こりました。特に女性、前藩主の夫人などは、清風を登用するなら絶縁するとまで、慶親に宣言します。清風は倹約、倹約とうるさいから嫌われていたのです。

毛利慶親（敬親）銅像（山口市）

それでも慶親は冷静に判断して、周囲の反対を振り切り、清風を登用し改革の仕事を任せます。結果は大成功でした。この後、討幕、維新へと進むことになる長州藩の経済的基盤は、清風が指導した改革によりでき上がったのです。

つまり慶親は、人材を登用する時には、雑音に振り回されることなく、確固たる信念のもとに断行する。しかし一旦信頼して登用した人物には、できるだけ自由に仕事をさせ、慶親はあまり口を挟まない。藩主という強い立場の慶親が口を挟むと、場合によっては、まとまる話もまとまらなくなってしまいます。だからできるだけ「そうせい」で通したのではないかと考えられるのです。

もっともこうしたやり方は、トップである慶親が人材抜擢に対し、冷静で公正な判断力を備えていなければ、できません。

私は慶親を手放しで絶賛するつもりはありません。後年起こる藩内戦の際の優柔不断な態度が事態を一層混乱させ、無益な流血を増やしたと考えているからです。しかし、慶親が登用した人材の有能ぶりを見ると、その見識の正しさには息を呑むものがあることも確かです。

幕末の長州藩では、松陰やその門下生をはじめ多くの若者たちが、水を得た魚のごとく、実にのびのびと活躍していることに驚かされますが、こうしたトップがいればこそできたのです。そう考えると、この点に限り「そうせい侯」を名君と評価したいと思います。

文武両道でなくてもいい

戦前、神戸市で実業家として活躍する一方、熱烈な松陰の研究家としても知られ、多くの著作を残した福本義亮（椿水《ちんすい》）という人物がいました。

福本は萩の出身で、幼少の頃より古老から聞いていた松陰に関する逸話を集め、『松陰余話』という一冊を著しています。福本が七十六歳で没した（生年に諸説あり）のが昭和三十七年（一九六二）十一月で、東京の山口県人会から本が出版されたのは昭和四十年十二月ですから、遺稿として世に出た作品のようです。

『松陰余話』の中には、興味深い逸話が沢山収められていますが、中でも私が感心したのは、「松陰先生の平岡剣道えの入門」という一話でした。

まだ十代の頃と思いますが、松陰が剣道を学ぼうとしたことがあります。

そこで柳生新陰流の剣術師範である平岡弥兵衛を訪ね、入門を願い出ました。驚いた平岡に理由を尋ねられた松陰は、こう答えたといいます。

「儒家に生まれたとはいえ、腰間雙刀《ようかんにそうとう》を帯ぶる以上は、これを用《もち》いる道を知らでは、武士の面目が相立《あいた》ち申さぬ、しかも心身の錬磨を……」

平岡は、松陰が体力的に見て剣道が不向きであると思いました。まして剣の道を極めたいというのならともかく、腰掛け程度ならやらない方がいいと思ったのでしょう。

そこで松陰を、次のように諭します。

「私の見る所をみてすれば、貴殿の門生を教えらるるは真の人間を造らるるにあるように拝察する。某《それがし》の子弟を教ゆるもまたこれに外《ほか》ならないのである、文武その道を異にすとも、その真の人間を造る精神に至っては少しも変りはないわけである」

つまり松陰が行っている教育も、平岡が指南する剣道も、目的は同じ「真の人間」育成にあるというのです。さらに平岡は、次のようにも述べます。

「貴殿が心胆、すでに読書工夫によって錬磨の極に達し、しかもなほ斬撃の余技をも修めんとさるるなれば、むしろ、その時間を以て諸生の教育に任ぜらるるに如《し》くはあるまい、苟《いやし》くも靖献《せいけん》の大安心さえあれば、剣を用いるの法を知らずとも、毫《すこし》も恥するに及ばないのではあるまいか」

要するに、不得意なことがあっても、恥じることはない。それを無理してやる時間があるなら、得意なことに費やして社会に貢献する方がよいと言うのです。これには松陰も、納得します。

武士といえども、誰もが文武両道に適しているわけではない。何がなんでも剣道ができなければ、認めてもらえないわけではないのです。自分の特技をもって、社会に貢献すればいい。剣術師範の平岡がこれを言い切るところが、なんとも凄い。個性を尊重する気風が長州藩にあったことをうかがわせる逸話です。

松陰登場の背景のひとつを、ここにも見た思いがします。

第二章　情報収集の旅

四峠の論

江戸時代、日本全国にはおよそ三百の「藩」がありました。

それぞれの藩は、ほぼ完全な自治権を持つ「国」と言っていいでしょう。

大名はこの藩という名の「国」を、責任を持って運営せねばならず、それだけに独立意識も強かったのです。もし財政的危機に陥っても、「中央」に頼ることはできませんから、今の地方自治体よりもはるかに厳しいものがありました。

たとえば現代人でも、

「盆は国に帰って過ごします」

「お国はどちらですか」

といった会話を交わします。

外国でもないのに「国」と呼ぶのは、やはり江戸時代の感覚を引きずっているのだと思います。

江戸時代の人々が考える「国」の範囲は、恐ろしく狭い。少なくとも「日本」ではない。自分の生まれ育った町や村、せいぜい広くても藩が「国」なのです。一般的に「国」から出ることは、現代人の感覚なら、海外旅行に等しいのではないでしょうか。

廃藩置県により中央集権が成され、「日本」という意識が確立されてから、まだ百四十年余りしか経っていません。江戸時代二百数十年をかけて培《つちか》われた感覚は、たった百四十余年では消えないようです。

田床山から見た萩。三角洲の上に町がつくられている。

江戸後期、長州藩で「天保《てんぽう》の改革」に手腕を振るった村田清風《せいふう》は、「四峠《しとう》の論」を唱えました。

一方が日本海に開け、三方が山に囲まれた萩の周囲には、四つの峠がある。そのいずれかを越え、「国」の外の世界を知った者でなくては、天下の形勢を理解できないというのです。

若者を旅に出し、見聞を広めさせて「人材」を育てようという気運が、長州藩には濃厚にありました。

しかし気をつけねばならないのは、「外」の世界で受ける刺激は、新鮮で強烈だということです。感受性の強い青年にとっては、なおさらでしょう。「隣の芝生は青く見える」の言のように、何から何まで自分の方が劣って見えて、卑屈になってしまうこともある。日本古来の伝統文化を軽んじ、何でもかんでも西洋の文物を有難がった、明治初期の文明開化などは、まさにこうした日本人の弱い心が剝き出しになった醜態でした。これではせっかく「国」の外を知っても、意味がない。

清風自身は二十歳の享和《きょうわ》二年（一八〇二）、初めて江戸へ赴いた際、音に聞く富士山を仰ぎ見て、

「来て見れば聞くより低し富士の峰　釈迦や孔子もかくやあるらむ」

と歌っています。

青年清風の痛快な一首です。「外」の世界で見聞を広げても、決してそれに呑まれないという強い意志が必要なのです。

松陰の北浦視察

十一歳で藩主に進講し、十九歳で山鹿流の兵学師範として独立した吉田松陰は、周囲より「秀才」「神童」と称えられるような少年でした。

しかし、早熟でありながら、長い間「井の中の蛙《かわず》」であったことも否めません。二十歳になるまで、萩という「国」からほとんど「外」に出たことがなかったのです。

狩野鐘太郎編著『吉田松陰全日録』という四百頁を超える詳細な松陰の年譜を見ても、十八歳の弘化《こうか》四年（一八四七）三月に、

「周防国《すおうのくに》湯田（現在の山口県山口市湯田温泉）に遊ぶ」

という記述がある程度です。これでは、「外」の世界を見たうちには入らないでしょう。

このままでは、松陰が駄目になってしまう。周囲は心配を始めます。そして、最も危惧したのは松陰自身でした。

二十歳の時、松陰は初めて旅らしい旅をします。といっても、藩内です。藩命を受け、北浦《きたうら》（山口県の日本海側沿岸）防御の実地踏査団に加えられたのです。

この前後、西洋列強の船が日本の近海に頻繁に出没するようになっていました。しかも天保十一年（一八四〇）七月には、オランダ船により、清国において「アヘン戦争」が始まったとの知らせが日本に届いていましたから、対外危機感は急速に高まりました。

特に長州藩の場合は本州の最西端に位置し、三方が海に面しています。城下の萩も日本海に面していましたし、特に城が設けられている指月山《しづきやま》は、海に突き出すような格好です。これでは海から外敵が襲いかかってきた場合、丸裸も同然でした。

そのことを早くから、最も危惧していたのも村田清風です。清風は、

「北浦御手当などいふことだけでは不足である。外船早鞆の瀬戸を走り入るか、佐賀の関

と伊予の国との間を走り入る時は大変で、およそ防長《ぼうちょう》の辺海は、ことごとく御手当なくてはならぬ」

といった、藩全体の海防が急務であるとの意見書を書いています。それでも理解できぬ者がいたら、北浦の大津郡向津具《むかつく》の岬に行き、ここから遥かに日本海の西北でも見てこい、といった檄を飛ばしました。

長州藩では清風の意見に基づき、天保十四年四月、萩郊外の阿武郡羽賀台（現在の山口県萩市）において大演習を行っています。藩主毛利慶親《よしちか》の率いる藩士一万四千人が参加し、馬も五百三十四頭が出るという、長州藩始まって以来の大規模な軍事演習でした。まだこの時期の長州藩は西洋式の装備を採用していないため、戦国時代さながらの光景だったでしょう。しかし藩士たちは三百年近く続いた泰平の夢が、まさに打ち破られつつあることを肌で感じたに違いありません。

こうして藩内には、一気に緊張感が漲《みなぎ》ります。これが明治維新への導火線になってゆくのです。同じく幕末、攘夷《じょうい》論が活発になってくる水戸、土佐、薩摩など、いずれも海に面した丸裸の藩でした。外敵から国を護るには他力本願は許されないのです。

その後も、西洋列強の日本への接近は後を絶ちません。ヨーロッパで起こった産業革命により確立した資本主義の荒波は、確実に日本へと押し寄せていたのです。

外国船来航に関する具体例な事例を日本史の年表から拾いますと、次のようになります。

弘化元年三月、フランス船が琉球来航。
同年七月、オランダ国王の開国勧告書簡がくる。翌二年六月、幕府はこれを拒否。
弘化二年五月、イギリス船が琉球来航。
同年七月、イギリス測量船が長崎渡来。
弘化三年閏《うるう》五月、アメリカ東インド艦隊司令官ビッドルが浦賀に来航。
同年六月、フランスインドシナ艦隊司令官が長崎来航。
嘉永《かえい》元年（一八四八）五月、アメリカ捕鯨船が西蝦夷地に漂着。
同年七月、フランス船が琉球に来航。
嘉永二年閏四月、イギリス軍艦マリナー号が浦賀に渡来。

そのような危機感が日増しに募る中で、松陰も須佐から下関まで、北浦視察の旅に出掛けたのでした。
現在、萩から自動車で国道191号を走れば、三時間足らずで下関に至ります。夏の晴れた日などコバルトブルーの海が、まぶしいほど美しい。この海岸線を松陰は、ひと月かけてじっくりと旅するのです。

この旅で松陰は、『廻浦紀略《かいほきりゃく》』と題した日記を残している。これには各地の地形や戸数、生活様式や社寺の所在に至るまでが、つぶさに記録されています。藩内とはいえ、初めての本格的な「国」の「外」への旅です。見るもの、聞くもの、すべてが驚きの連続だったでしょうが、日記の記述は全般的に淡々としていて、事実の羅列に徹した観があります。

九州への旅

松陰は山鹿《やまが》流の兵学者ですから、それまでも沢山の書籍を読み、海防についてああでもない、こうでもないと、色々考えを巡らせてきたと思うのです。しかし実際、時間をたっぷりかけて北浦を視察してみて、現実と机上の空論のギャップに気づいていったのではないでしょうか。

松陰は真剣に悩まざるをえなかったはずで、この北浦の旅を境に、「行動の人」へと変わってゆきます。多大なカルチャーショックを受けたことは想像に難くありません。一度、海外に旅したら、病み付きになる者がいるように、翌年、松陰は次なる旅へと出かけるのです。

行き先は以前から計画していた九州の肥前平戸《ひぜんひらど》。この時の旅日記『西遊日記』の序文に、松陰は旅することの意義を、次のように書き付けています。

「心はもと活《い》きたり。活きたるものには必ず機あり。機なるものは触《しょく》に従ひて発し、感に遇《あ》ひて動く。発動の機は周遊の益なり」

生きている心を、突き動かしてくれるものに出会うための旅なのです。

嘉永三年（一八五〇）八月二十五日、萩を出発した松陰は、下関から関門海峡を渡り九州へと上陸しました。それから小倉、飯塚、佐賀、大村などを経て平戸に入ります。

平戸には山鹿兵学流の宗家である山鹿万助や、葉山佐内という学者が住んでいました。五十日もの間、この地に滞在した松陰は葉山を訪ねて教えを受け、多くの書籍を借りては貪るように読んでいます。

葉山は平戸藩の家老でもあり、若い頃は江戸へ出て佐藤一斎《いっさい》の門で学びました。この時から八年後の元治《げんじ》元年（一八六四）四月、六十余歳で没しています。

日記によると、平戸での読書は八十冊にも及びますが、中でもアヘン戦争に関する情報を得たことは、その後の松陰の生き方に大きな影響を与えたと言えます。それ以前にも、松陰は断片的にアヘン戦争についての話を聞くことはあったようですが、詳細な情報を得たのは平戸においてでした。

市場獲得を目指す（異説あり）イギリスは清朝中国に襲いかかり、西暦一八四〇年から二年に及ぶ戦いの末、これを打ち負かしました。世に言うアヘン戦争ですが、その結果締結させられた南京条約により、中国は上海など五港を開かされ、香港を割譲されて、貿易の主導権もイギリスに奪われてしまいました。

アヘン戦争の情報は、オランダ経由で日本にも伝わってきましたが、幕府はこれを公表しませんでした。列強の餌食《えじき》になるのは、次は日本ではないかとの不安を、国民が抱いては、政治を行う上でよろしくないというのです。ですから松陰のような知識人でも、情報を手に入れるのは容易ではなかったでしょう。

十一月五日、平戸を発った松陰が、長崎、天草、熊本、柳川、久留米、小倉などを経て萩の自宅に帰ったのは、暮れも押し迫った十二月二十九日のことです。そして、この旅により松陰が萩に持ち帰ったアヘン戦争の情報が、やがて萩に住む多くの若者たちに衝撃を与え、その心を突き動かしていったのです。

飛耳長目

行動を起こすには、少しでも正確な情報が必要なことは言うまでもありません。

百数十年前の松陰たちは、自分たちの手で世界の情報をひとつひとつ集めなければならなかったのです。

松陰はこうした情報収集を、中国の古典から採って、「飛耳長目《ひじちょうもく》」と呼ぶようになります。

さらに情報収集の過程で、松陰らは多くの人に出会い、教えを受け、時には意見を戦わせ、知識を広め、経験を重ねてゆきました。

家庭のテレビやパソコンで、遠く外国で起こっている戦争の生々しい映像をリアルタイムで目撃することができる現代からすると、隔世《かくせい》の感があります。パソコンは小・中学校にまで普及し、子供たちはインターネットを操って情報を集める時代です。

インターネットは、調べたい単語を入力して「検索」をクリックすれば、たちまちに結果が画面上に現れる。世界中の情報は、たとえ子供であっても瞬時に集めることが可能なのです。

だからと言って私は、これが「進歩」だとは決して思わない。学ぶこと、情報収集に関して、インターネットが出現する少し前までは、日本には「飛耳長目」の名残がありました。

たとえば小学生が、先生から出された課題を調べるために図書室に行ったとします。

ちゃんと課題に沿った本を的確に引っ張り出し、黙々と調べる子供がいる。図書館の職員に相談する子供もいるでしょう。

あるいは、色々な本が並んでいるから目移りして、出された課題とは違う本を手にとってしまう子供もいたはずです。別の本の方が面白くて、思わず夢中で読み耽《ふけ》ってしまい、気づいたら、先生から与えられた課題の方ができていない。しかし思いがけず、別の世界に興味が広がることだってある。

いずれも手間や時間がかかること、甚だしい。しかも手間や時間をかけたからといって、必ずしも目当ての答にたどり着けるとも限らない。徒労に終わることだって多いのです。

しかし、そんなことの積み重ねにより、子供たちは知識の幅を広げ、学ぶことの面白さを自然と身につけていったはずなのです。小学生を例にとりましたが、これは大人の世界でも同じだったのではないでしょうか。これが「飛耳長目」です。

ところが、瞬く間に国の方針によりパソコンが小学校にまで導入され、子供たちはインターネットで課題を調べるご時世になってしまった。自由に情報が手に入るということは平和であり、ある面では幸福なことなのでしょう。しかし、スピードは格段に速くなった分、調べる過程は無残にもすべて省かれてしまいました。そこには、寄り道する面白さも、深みもない。

これが本当に、「情報収集」なのかは考えさせられるところです。昨今大人たちが「IT革命」などと狂奔し、情報を得るためのスピードだけを競った末に、子供たちから多くの大切なものを奪い去ってしまった。

いまや飛ばす耳も、長くする目ももぎ取られ、机の前にはパソコンが一台置かれているのみです。

江戸に遊学

松陰の旅は、まだまだ続きます。

今度は日本の政治・文化、そして大坂と並ぶ経済の中心地である江戸で、学問をしようというのです。幕末の江戸は二七七〇余町、全市の六割が武家地、寺社地と町地が各二割を占め、百万人以上の人口を有する、世界最大級の大都会でした。

嘉永四年（一八五一）二月、二十二歳の松陰が藩政府に提出した江戸遊学願がありま す。これによると、松陰は「軍学稽古」のため江戸に赴きたいので、許可して欲しいとあります。

こうして翌三月、松陰は江戸遊学の途につきました。その際、藩の長老ともいうべき村田清風は松陰の前途に期待し、こんな激励の言葉を書き与えています。

「砲技《ほうぎ》に達せざれば以《もっ》て兵を論ずる勿《なか》れ。孫呉《そんご》に通ぜざれば以て砲を譚《たん》ずる勿れ」

意味はこうでしょう。西洋砲術は今日の急務だから、これを学ばずして兵を論じるな。しかし、兵学の根本原理である孫子・呉子に通じていないのに、西洋砲術を論じるな。

いかにも清風らしい、贈る言葉です。目新しい技術に飛びつき、精神の部分を忘れてはならないと戒めたのです。松陰は後に「兵は凶器」と述べますが、技術もまた使う者次第で、幸福をもたらす利器にも、不幸を招く凶器にもなるのです。

松陰が江戸に入ったのは、四月九日のことでした。桜田門外にあった、長州藩の上屋敷に起居することになります。江戸では張り切って、あちこちの学者の門をくぐり、勉強会に出席し、諸国の友人と交流します。ところが、たちまち失望させられることになりました。

江戸到着三カ月後、国もとの友にあてた手紙には、江戸で師とすべき人に巡り会えない、その原因は、江戸の文人や学者が、生計のために講義を売っているからだと述べています。また、人々はわが道一筋に生きるという「志」を持っていないとも、嘆いています。あるいは兄にあてた手紙の中にも、ひと月に三十回も勉強会に出席するので時間がないと困惑ぎみに記し、本当に心を満たしてくれる師に出会えないと知らせています。

松陰の目には江戸の学者たちが、日本に迫りくる西洋列強に関し、無関心であると映っていたようです。

しかし、素晴らしい友には巡り合うことができました。

その一人に、肥後《ひご》熊本藩士の宮部鼎蔵《みやべていぞう》がいます。松陰より十歳年長で、やはり山鹿流の兵学者でした。後年、元治元年（一八六四）六月五日の京都三条で起こった池田屋事変で新選組と闘い、四十五歳で他界することになる男です。

松陰は前年暮、九州遊歴のおり、熊本で初めて宮部と対面しました。宮部もまた江戸へ出てきたので、さらに親交が深まったのです。松陰は、

「宮部は毅然《きぜん》たる武士、僕常に以て及ばずと為《な》す。毎々往来、資益あるを覚ゆ」

と評しているほどです。同じ兵学者という立場もあり、松陰と宮部は、外圧に晒《さら》されている日本の危機的状況についてしばしば話し合った。六月には二人で相模・安房の沿岸をつぶさに踏査します。もし外国艦が攻めてきたら、どのように防御すればいいのかを、この二人は江戸で額を突き寄せながら真剣に考えます。

東北への視察旅行

ロシアの黒船が、津軽海峡を我が物顔で往来している――。

そんな情報を得た松陰は、東北方面の防御を考えると、居ても立ってもいられませんで

した。そして、
「自分が、なんとかしなければ！」
と、思います。別に松陰は、対ロシアの防御問題について、何らかの任務に就いていたわけでも、公的な責任があったわけでもない。萩という一地方から、江戸に勉学のために出てきていた、二十二歳の「学生」に過ぎない。それでも松陰は、自分こそが何とかしなければと真剣に思うのです。

この点が現代とは大きく違っていて、面白い。いまの若者だったらせいぜい、「なんとかして欲しい」。政府はちゃんと対処しているのか、総理は素早く動いているのか等々、そのあたりまでは考えるのでしょうが、自分の手で国家の問題を解決してやろうとは、なかなか考えない。

武士は幼少の頃から、天下国家の一大事が起こった時は、危険を省《かえり》みず、まず真っ先に「自分が」駆けつけなければならない、民を守らねばならないとの教えを受け、育っています。

「いざ！　鎌倉」という掛け声があるように、担当者や責任者であろうが、なかろうが、武士というものは天下国家に対し、責任を持たなければならないのです。

しかし、江戸時代は平和な時代ですから、実際、「いざ！　鎌倉」なんて場面はなかなか起こりませんでした。それを実践に移すことなく、教えだけが二百年以上の永きにわたり伝えられてきたのです。

ところが幕末になると、このロシア艦の津軽海峡往来のように、「いざ！　鎌倉」と思わせる場面が現実問題として迫ってくる。松陰と宮部は、その年の七月頃から「最も経国の関《かかわ》る所にして、よろしく古今の得失を観るべきもの」（『東北遊日記』）という東北防備の視察旅行を計画し始め、来春には出発しようと話し合う。

その後、陸奥南部《むつなんぶ》藩士の江幡《えばた》五郎（のち那珂梧楼《なかごろう》）が、計画への参加を求めてきます。江幡の目的は、藩の政争に敗れた末、獄中で憤死した兄の仇討ちを遂げることにありました。その志を知る松陰と宮部は、快く江幡の申し出を受けてやります。

こうして、三人は「十二月十五日」に江戸を出発することが決まりました。この日を選んだのは、『忠臣蔵』の赤穂浪士が吉良上野介《きらこうずけのすけ》を討ち、本懐《ほんかい》を遂げた記念日だからです。江幡に対するはなむけの意味だったことは、言うまでもありません。

突然、脱藩した真意は

東北へ出発する数日前になり、松陰は過書《かしょ》の問題に直面してしまいます。

過書とは長州藩が旅行者に発行し、必要があれば関所等で提示する、身分証明書です。

これを、出発予定日までに交付することが、不可能だというのです。

松陰が手続き上でミスをしたのか、あるいは、江幡の復讐に巻き込まれるのを藩が阻止したかったのか。その理由については不明な点もあるのですが、ともかく藩の首脳部は、過書不携帯での出発は認めないとの一点張りです。現代で言えば、出発までにパスポートの発行が間に合わないようなもの。

では、松陰はどうしたのか。

実は、嘉永四年（一八五一）十二月十四日午前十時頃、江戸の藩邸から出奔《しゅっぽん》してしまうのです。

松陰はある時は道を迂回し、ある時は街道筋を避けて宿を求めながら、十九日には水戸に到着しました。宮部・江幡も後から追ってきて、水戸で松陰と合流します。

過書を持たずに旅立つのは「脱藩」であり、相当な決意を要したはずです。単なる酔狂でできることではない。しかし松陰は、水戸から兄にあてた手紙の中で、このたび自分がとった行動につき、

「矩方《のりかた》（松陰）たとえ道路で死に候ても、国家への御奉公人に対して愧《は》じ申さず候」

と述べています。実は松陰の真意については、これまた不明な点も多いのですが、私は江幡に対する「義」を貫くあまり、このような行動に走ったのだと考えます。

松陰は、常識では理解し難いほど純粋な心を持っていた若者です。過書の問題が起こっても、普通は出発を延期するとか、旅そのものを中止するとか、いくらでも解決の方法はあったはずです。できるだけリスクの少ないように、対処する道を選択するのが、常識というものでしょう。

しかし、友との約束を守るという一点を貫こうとするなら、確かに「脱藩」しか方法がない。「義」と「公」に照らして恥じないならば、計算を全く度外視し、リスクが最も大きい道でも突き進むところが、松陰の松陰たる所以《ゆえん》です。松陰は生涯二十一回の猛挙を行うと誓いましたが、これが第一回目の猛挙となりました。

こうした行動を純粋と称賛するのか、子供じみた暴挙と非難するのか。賛否両論あって結構なのですが、松陰の無私無欲の「非常識」さこそが、周囲の人々の心を何らかの形で揺さぶり、やがては歴史を動かすエネルギーへと発展したことは確かです。そのことは、この後、いくつもの事例をお話ししてゆくつもりです。

日本史を学ばねば

松陰たちは水戸に二カ月ほど滞在し、水戸学の学者である会沢安《あいざわやすし》（正志斎《せいしさい》）や豊田彦次郎を何度も訪れ、教えを受けています。

水戸藩は徳川御三家のひとつで、三十五万石。皇室を崇敬する風潮が強く、また太平洋に面していたため、外敵に対しても敏感に反応しました。こうした土壌から「尊王攘夷論」が生まれ、盛んになってゆくのです。

尊王攘夷といえば、後に長州藩や薩摩藩が行った、討幕運動のスローガンのようになってしまいました。しかし、本家本元の水戸藩では幕府内部を改革し、あくまで幕府による尊王攘夷の実現を考えていたのです。

また、この時から約二百年前の明暦《めいれき》三年（一六五七）、二代藩主徳川光圀《みつくに》が始めた『大日本史』の編纂事業も続いていました。全三百九十七巻が完成したのは、なんと明治三十九年（一九〇六）というから、その壮大なスケールに驚かされます。

松陰はこれを見て、日本人が日本史を学ぶことの大切さを痛感しました。江戸時代の人々にとって「歴史」を学ぶといえば、まずは中国の歴史を学ぶことでした。日本史は為政者である幕府にとり、「天皇」という存在など不都合な点も多かったので、敬遠されていたのです。

「身皇国（日本）に生まれて、皇国の皇国たるを知らずんば、何を以て天地に立たん」との思いを抱いた松陰は、萩に帰国した後、『日本書紀』『続日本紀《しよくにほんぎ》』をはじめ、多くの日本の歴史書を読破することとなります。

それから松陰は、会津若松、新潟、佐渡、秋田、弘前、盛岡、仙台、米沢、日光などを巡ります。

本州最北端の地に立った松陰は、眼前の津軽海峡を外国艦が通航するのを知っても、津軽藩の役人たちは漠然として省みるところがないことに憤然とし、批判しています。あるいは付近に住むアイヌ人が、奸商たちに冷酷なやり方で商取引きさせられている実態を、国家のために惜しんでいます。さらには蝦夷（北海道）の松前まで渡りたかったようですが、これは天候の関係で果たせませんでした。

また途中、白川（現在の福島県白河市）で松陰と宮部は、江帾と涙の別れをします。宮部は江帾の名を何度も呼び、激しく声をあげながら泣き、松陰もまたむせび泣きました。江帾は振り返らずに去ったといいます（『東北遊日記』）。なにやら随分オーバーな感じがしますが、江戸時代の別れというのは本当の「今生《こんじょう》の別れ」になるかもしれないから、大変な感情がこもります。駅まで友を見送っても、すぐその後に電車の中からメールが送られてくるといった現代人からは、想像し難い盛り上がり方をするのは、そのためです。

ところがこの後、江帾は仇討ちの機を逸し、そのうち仇の張本人も世を去り、兄の家督を相続して、明治まで生き延びて文部省に出仕します。なんとも運命の皮肉を感じずにはいられません。

約五カ月におよぶ旅で、松陰は各地の地理や防御、民政の実態を知り、嘉永五年（一八五二）四月五日に江戸へ帰り着きました。

第三章　黒船来る

十年の遊歴を許される

東北遊歴を終えた吉田松陰は、江戸桜田の長州藩邸に帰ってきましたが、藩は萩に帰国後屏居《へいきょ》して罪を待つよう命じます。萩に帰ったのは、嘉永五年（一八五二）五月十二日のことでした。ただちに実家の杉家に入って、ここで命を待つことになります。

藩主毛利慶親《もうりよしちか》は、松陰を「国の宝」と考えていました。だから、たった一回の過《あやま》ちで、松陰の将来を奪ってしまいたくはなかった。しかし他の家臣たちの手前、お咎《とが》めなしというわけにはいきません。

そこで十二月九日、亡命（脱藩）の罪により、松陰より士籍と家禄を没収するとし、実父杉百合之助《ゆりのすけ》の育《はぐくみ》とします。育とは養子の一種ですが、家督とは関係ありませんので難しい手続きは必要ありません。

さらに慶親は、ひそかに百合之助に内命を下しました。

それは、松陰に十年間の遊学許可を与えてやって欲しいと、百合之助から藩に願いを出させるというものです。これを藩が認めれば、松陰は今後十年間、浪人として藩の枠に縛られることなく、好きな場所を旅することができるのです。

おそらく慶親は、十年経てば松陰を元の藩士の籍に戻してやるつもりだったのでしょう。松陰に自由を与えた、恩情ある処分と言えます。

そして嘉永六年一月十六日、松陰に諸国遊学の許可が下りました。通称を松次郎から寅次郎とし、松陰と号したのもこの頃です。心機一転といったところでしょう。

一月二十六日朝、松陰は知人門弟に見送られて萩を発し、諸国遊歴の途につきます。萩から中国山脈を縦断する萩往還を通って瀬戸内へ出た松陰は、周防富海《すおうとのみ》（現在の山口県防府市《ほうふ》）から船に乗りました。

船は東に向かい、四国の讃岐多度津《さぬきたどつ》、琴平の金毘羅宮《こんぴらぐう》などに立ち寄り、播磨灘を通って大坂へと出ます。それから大和五條、河内富田林《かわちとんだばやし》、伊勢山田、桑名などに学者や同志を訪ねて歩き、中山道を経て江戸に到着したのは、五月二十四日のことでした。

歴史を見ておりますと、運命とはつくづく不思議なものだと思わせる瞬間があります。松陰が江戸入りした僅か十日ほど後に、まるで引き寄せられるかのごとく、江戸三百年の泰平の夢を打ち破る、アメリカの黒船が来航することになるのです。

ペリー艦隊を目撃

アメリカの東インド艦隊司令長官ペリー提督率いる黒船四隻が、江戸湾の入口、浦賀に姿を現したのは、嘉永六年（一八五三）六月三日。ペリーに託された使命は、ずばり日本を「開国」させることでした。

江戸時代初め、幕府はいわゆる鎖国を断行して以来、ヨーロッパ諸国ではオランダのみと付き合いを持ち、貿易を行ってきました。ただし交渉の場所は、長崎の出島という一角に限っていました。

しかし、イギリスで起こった産業革命により資本主義を確立した西洋列強は、市場を求めてアジアに進出してきます。特に中国貿易や捕鯨の際の寄港地としても、日本は注目されるようになっていました。日本近海にも、外国艦がしばしば出没するようになったことは、前にも述べたとおりです。そして、これら外国艦を、幕府はなんとか追い払ってきました。

いわばペリー提督は、市場開拓のためにアジアを走り回る「セールスマン」の一人です。しかも、かなり強引な、押し売り的セールスマンでした。

ペリーは、それまでの幕府のやり方を研究していたので、生ぬるい態度では断られると知っています。そこで、後に「砲艦外交」と呼ばれる程強引なやり方で、交渉に臨んできたのでした。

最初、幕府はペリーに対し、長崎に廻るよう指示します。ところが艦隊は、幕府の制止を無視して湾内に進み、勝手に測量したり、空砲をぶっ放したりして威嚇しました。船員たちは、すべて戦闘態勢に入っています。幕府がこれ以上要求を断れば、たちまち戦争が始まるような雰囲気です。

　幕府はアヘン戦争などの情報から、とても太刀打ちできる相手ではないことは承知しています。仕方なく、ペリーが持参したアメリカ大統領の親書を久里浜（現在の神奈川県横須賀市）で受け取りました。そして来年に回答すると約束し、六月十二日、艦隊に一旦日本から去ってもらうことにします。幕府はアメリカに帰ったと思ったようですが、ペリーは艦隊を香港に向かわせました。

　実は幕府は一年も前から、ペリー艦隊の来航があることは、オランダからの情報により、かなり詳細に知っていました。

　ところが、これが「平和ボケ」というやつなのでしょうが、何の対策も講じていなかったのです。ひとり老中首座の阿部正弘が江戸湾の海防強化を唱えましたが、予算がないとの理由により斥けられています。いつもどおりに追い払えば、乗り切れるとでも思っていたのでしょうか。

　当時の庶民が、幕府の狼狽ぶりを皮肉ったこんな狂歌があります（後世の作とも）。

「泰平《たいへい》の眠りをさます上喜撰《じようきせん》たった四はいで夜もねられず」

　表面だけ見ると、上喜撰という銘柄の茶を四杯飲んだら、眠れなくなったという面白くも何ともない内容。しかし「上喜撰」は、「蒸気船」に引っかけていることは言うまでもありません。「四はい」は四隻からなる艦隊だったからですが、実際は四隻のうち蒸気船は二隻で、あとは帆船でした。言論弾圧のある時代ですから、庶民もこんな風刺で精一杯、権力者に抵抗していたのかもしれません。

心飛ぶが如し

ペリー艦隊の来航に驚いた幕府は、在江戸の七つの藩に江戸湾の警備を命じます。その時、長州藩の江戸藩邸では火砲三門と和銃百余挺で武装した五百人からなる藩士が、いつでも出動できるように待機していました。そこへ幕府の命が届くや、当日のうちに大森海岸へと出動します。

領土の三方を海に囲まれた長州藩が、きわめて現実的な問題として海防に力を注いできたことは、これまでも話してきたとおりですが、その真価を発揮する時が訪れたのです。

この長州藩の迅速な行動に、幕府も世間も驚きます。

ここにきて幕府はようやく重い腰を上げ、海防強化に乗り出しました。江戸湾に大砲を据えるための人工島である、品川台場の築造にかかったのです。

また、幕府はペリーから受け取ったアメリカ大統領の親書を公開し、大名や学者、しまいには庶民からも、広く意見を集めようとしました。

突然、独裁者だった幕府が民主化したように見えるかも知れませんが、そんな意識は幕府にはありません。単に、自分たちの決断に自信が持てなくなっていたからです。結果は、あまり役に立ちそうな意見は出てきませんでした。

ともかく松陰は、まるで吸い寄せられるように、こんな時期の江戸に出てきて、ペリー艦隊来航という未曾有の国難を、目の当たりにしたわけです。

松陰は艦隊来航を知るや、この目で見ようと、江戸から浦賀に急行しています。同志瀬野吉次郎に残した置き手紙には、

「浦賀へ異船来りたる由《よし》につき、私只今より夜船にて参り申し候。海陸共に路留（通行止め）にも相成るべくやの風聞（噂）にて、心甚《はなは》だ急ぎ飛ぶが如し、飛ぶが如し」

とあり、松陰の高揚した気持ちがひしひしと伝わってきます。

浦賀に着いた松陰は、大統領の親書を幕府が受け取らねば砲撃を始めると、アメリカ側が迫っていると知らされます。

一方、日本側の台場に目をやると、大砲の数も「甚だ寡《すくな》く、徒《いたず》らに切歯」するしかないのだと、悔しい思いを噛み締めました。また、いずれ戦いになったとしても、アメリカと日本の船や砲を比べると、「勝算甚だ少なく候」と、冷静に観察することも忘れません。

松陰はまたもや、

「自分が、なんとかしなければ！」

と思う。松陰の胸の中は、つねに日本の未来は自分こそが担っているのだとの責任感でいっぱいなのです。

ここに至り松陰は、二回目の猛挙を実行に移しました。

八月、浪人の身でありながら、匿名《とくめい》で藩主に「将及私言《しょうきゅうしげん》」「急務条議」と題した意見書を提出したのです。

これらは浦賀でペリー艦隊を視察した松陰が、いま藩主が取り組まねばならない具体策を述べたものでした。幕府の外交を非難し、長州藩が先頭に立って外敵を打ち払うよう訴えています。しかし藩士たちの間では、松陰のとった行動を分不相応なものだと激しく非難する者たちも多く、松陰は藩邸への出入りを禁じられてしまいます。

ちなみにいわゆるペリー艦隊の旗艦は近年の研究では三千八百トン以上あったことが分かっています。当時、日本の最大級が千石船で数百トン。これでは勝負になりません。しかし屈するわけにはいかないのです。「外圧」ははっきりと目に見える形で出現して来ました。

この時期、江戸で「黒船騒動」を体験した中には、「維新三傑」の一人に数えられることになる長州藩士の桂小五郎《かつらこごろう》（木戸孝允《きどたかよし》）や、土佐藩士の坂本龍馬《りょうま》がいます。さらに、ペリー艦隊来航から半年後には、長州藩士で十六歳の高杉晋作も、江戸に足を踏み入れることになりました。

彼らが江戸で直接、この騒ぎを体験した意味は大きい。

それぞれ未曾有の国難を目の当たりにし、「なんとかしなければ！」との思いを抱き、火中の栗を拾うかのごとく、幕末の動乱に身を投じたのです。

三千八百トンの黒船の実物をその目で見た者と、見ていない者との差は、甚だしいものがあったでしょう。ペリー来航、黒船騒動に触発されて以来、国事に奔走するようになった者たちは、後年、「志士仲間」の間で「癸丑《きちゅう》以来」と呼ばれ、先輩格として重視されたそうです。癸丑とは、嘉永六年（一八五三）の干支です。

佐久間象山の影響

この時期の松陰に、多大な影響を及ぼしていた人物に、江戸で西洋砲術の塾を開いていた佐久間象山《しょうざん》がいます。

象山は信州の松代《まつしろ》藩士。はじめ儒学者として名を上げ、江戸神田お玉が池で塾を開きました。ところが天保《てんぽう》十二年（一八四一）、藩主真田幸貫《さなだゆきつら》が幕府の海防掛《かいぼうがかり》老中に就任したのを機に、西洋砲術や蘭学の研究を任せられ、洋学者としても第一人者の地位を確立します。ここに、松陰が入門したのです。当時の象山塾は木挽町《こびき》(現在の中央区)にありました。松陰の入門は最初の江戸遊学時の嘉永四年(一八五一)ですが、特にペリー艦隊来航以後、松陰は象山の人物と学識を認め、深く傾倒するようになっていたのです。

松陰は兄にあてた手紙の中で、

「佐久間は当今の豪傑、都下(江戸)一人にござ候。慷慨《こうがい》気節、学問あり、識見あり、藤森(天山)・羽倉(簡堂)等皆国体を知る者なれど、大義を弁ずる者は象山先生其の人物にて候」

などと、絶賛しています。

象山は脱藩の罪で浪人となった松陰に、

「過《あやま》ちは改めればよいのである。しかし庶民ならばそれでもよいのだが、士はその過ちを償《つぐな》わねばならぬのだ。貴殿は英才であるから、普通の人ではやれないような偉功を建てるべきである」

と、諭したといいます。

象山は日本人の進むべき道を、

「東洋の道徳」

「西洋の芸術」

と、説いていました。

「道徳」は、東洋の儒教の方が優れているので、これまでどおり。しかし科学技術（芸術）の方は西洋が優れているから、どんどん取り入れる。そして「外圧」を除くだけの実力をつけるのです。

儒学も洋学も、両方を極めた象山だからこそ、言えた言葉でしょう。

浦賀に来航したペリー艦隊を、象山は松陰ら門下生と共に視察しました。

その頃、浦賀の奉行は、敗れて敵に首を渡すよりも、自決した方がましだと、その場所として寺を掃除させている始末。船や砲について、幕府にこれまで忠告を続けたにもかかわらず、相手にされなかった象山は、冷ややかに眺めていたことでしょう。

それでも象山は、意見することをやめません。

象山は「西洋の芸術」を摂取するため、日本から優秀な数十人の若者を選抜

佐久間象山肖像
（一坂和夫氏蔵）

し、海外留学させよと幕府に建議したのです。

しかしこの意見も、幕府には採用されませんでした。

そこで、象山の影響を受けた松陰は、自分が海外に密航すると名乗りをあげます。松陰は兵学者として、

「己を治め、彼《か》を知り、変に応ず」

を、常に心に刻んでいましたから、それを実践に移す時がきたのだと考えました。

喜んだ象山は、松陰に奇策を授けます。「密航」ではなく、「漂流」に見せかけよというのです。

というのは、先年アメリカに漂流し、学問を身につけて帰国した土佐の漁師中浜万次郎《まんじろう》（ジョン万次郎）の例があったからです。幕府は万次郎を咎《とが》めることなく、通訳として召し出していました。

こうして松陰は、「漂流」の準備を進めますが、ペリー艦隊は日本を去ってしまいます。そのうち、今度はロシアの海軍提督プチャーチン率いる艦隊が、長崎に来航するとの知らせが入ったので、松陰は長崎を目指すことにしました。

象山は餞別《せんべつ》の漢詩と旅費四両を松陰に与え、激励します。

ところが嘉永六年十月二十七日、松陰が長崎に到着してみると、ロシア艦隊はすでに立

ち去ったあとでした。またもや機会を逸した松陰は諦めて、江戸に戻ってきます。

天皇への信仰心

ロシアへの密航を決意し、江戸から長崎へと向かう途中、松陰は京都に立ち寄って、当代一流の勤王家で、詩人の梁川星巌《やながわせいがん》を訪れます。

星巌は松陰に、孝明《こうめい》天皇が時世を憂いていると教えました。これが松陰の「転機」となります。

江戸時代、幕府により天皇は、つねに政治的な問題から遠ざけられてきました。

しかし、いくら徳川家の権力が強固になっても、たとえば「将軍職」を任命するのは、天皇なのです。将軍の上に天皇という存在があるとの確固たる認識が国民に芽生えることを、幕府は恐れました。だから天皇を、できるだけ人目に触れる位置に置きたくはなかったのです。

松陰の父杉百合之助は皇室をあつく崇拝していたから、松陰も幼少の頃から影響を受けていました。松陰自身、一日たりとも皇室のことを、忘れたことがなかったと言っています。しかし、それは信仰の対象ともいうべき、日本古来の「神」としての天皇です。文字どおり雲の上の存在です。

その「神」である天皇自身が、いま現在の政治問題に深く関心を示し、日本の行く末を案じるというのは、松陰にとって新鮮な驚きでした。

十月二日（一日とも）、感動醒めやらぬ松陰は皇居を拝し、有名な「山河襟帯《さんがきんたい》の詩」と呼ばれる長い漢詩を作ります。福本義亮『訓註吉田松陰殉国詩歌集』より、書き下しで紹介しましょう。

「鳳闕《ほうけつ》を拝し奉る。
山河襟帯・自然の城、
東来日として神京を憶はざるはなし、
今朝盥嗽《かんそう》して鳳闕を拝し、
野人悲泣して行くこと能はず、
上林零落・復た昔に非ず、
空《むな》しく山河の変更なき有り、
聞説く今皇聖明の徳、
天を敬ひ民を憐《あわれ》み至誠より発す、
鶏鳴乃《すなわ》ち起き親ら齋戒し、

妖気を掃《はら》ひて太平を致さんことを祈る、
従来英皇世出で（給は）ず、
悠《ゆう》々機を失す今の公卿《くぎょう》、
安んぞ天詔を六師に勅して、
坐ながら皇威《こうい》をして八紘《はっこう》に被《こうむ》らしむるを得ん、
人生は萍《うきぐさ》の若く定在なし、
何《いず》れの日にか重ねて天日の明なるを拝せん。
右は癸丑十月朔旦、鳳闕を拝し奉り、粛然《しょうぜん》として之《これ》を賦す、時に余将に西走して海に入らんとす
丙辰季夏　　　　　　　　　二十一回（猛士）藤寅手録」

松陰はまず、京都の大観から筆を起こします。そして、国難に直面した日本が、孝明天皇を奉じて攘夷を実行し、国を護り、平和を取り戻さねばならぬと訴えます。せっかくこんな不世出の天皇がいても、悠々として機会を逸している公卿たちを、批判します。
「山河襟帯の詩」は、「松陰にとつては時局に憤を発して遂に天朝を思ふに到つた思想過程を記念するもの」（玖村敏雄《くむらとしお》『吉田松陰』）と後日、研究者から評されるほど、重要な作

になりました。

黒船来航で受けた衝撃と、「神」である天皇が、実は「政治指導者」であり、国の未来を憂う気持ちを強く抱いていることを知った感激とが、以後の松陰を突き動かしてゆくのです。

アメリカ密航を決意

幕府から、来年返答するとの約束をもらっていたペリー提督率いるアメリカ艦隊は、年が明けると、香港からただちに再来日しました。安政元年（一八五四）一月のことです。しかも、今度は七隻に増えていました。

幕府は確答を与えない、いわゆる「ぶらかし策」で対処しようとしますが、数回の交渉の末、三月三日、日米和親条約が締結させられることになります。

これにより幕府は、下田・箱館（函館）の開港、薪水・食料・石炭といった必要品の補給、漂流民の救助、外交官の下田駐在などを認めさせられました。

この条約では自由貿易については触れていませんが、幕府が「最恵国待遇」を認めたため、ペリーは満足したようです。もし、他の国が日本との間に優位な条約を結んでも、同じものが自動的にアメリカとの条約にも追加される仕組みです。

こうして日本は、「開国」への第一歩を踏み出しました。

幕府が呆気なくアメリカに屈したと、松陰は感じたようです。

先の藩主への上書も、アメリカ側が出したすべての条件を、幕府が蹴って開戦することを前提に書かれていました。脅かされて言いなりになるようでは、日本の威厳などあったものではありません。この瞬間、松陰は国禁を犯し、アメリカへ密航する決意をあらためて固めます。その目的は、「敵情視察」でした。

松陰は、いずれこのままでは、日本は無礼なアメリカという国と戦わねばならない時が訪れると予測します。

しかし、戦いが始まってから、アメリカのことがさっぱり分からないではよろしくない。そこで、自分が一足先に行って、調べておこうと考えたのです。

松陰は前年の暮以来、門人としていた金子重之輔《しげのすけ》と、密航計画を練ります。金子は萩の商人の息子ですが、足軽の養子となり江戸へ出、藩邸で雑役を勤めていました。

やむにやまれぬ大和魂

「地を離れて人なく、人を離れて事なく。故《ゆえ》に人事《じんじ》を論ぜんと欲せば、先《ま》づ地理を観《み》よ」

この信念に基づき松陰は金子重之輔と共に、豆州《ずしゅう》下田港（現在の静岡県下田市）に停泊中のアメリカ艦隊に小舟で近づきました。安政元年（一八五四）三月二十七日深夜のことです。松陰が言う、三度目の猛挙でした。

そして旗艦ポーハタン号に乗りこみ、通訳官のウイリアムスに、自分たちをアメリカに連れて行って欲しいと懇願します。

ところがペリーは、松陰らの志には感じ入りながらも、その申し出は断りました。日本と国交を結ぼうとしている最中に、密航者を連れていったとなると、後々問題が大きくなるのは明らかです。あるいは松陰に、皮膚病があるのを知って、同行を拒んだという説もあります。

ともかく松陰と金子の二人はポーハタン号から下ろされ、乗ってきた小舟が流されていたので、アメリカのボートで岸まで送り届けられました。

こうして自首した松陰と金子は、幕府方に捕らえられます。下田の獄中で松陰がその胸中を詠じた和歌に、

「世の人はよしあし事もいはばいへ賤《しず》が誠は神ぞ知るらん」

というのがあります。いくら世間の非難を受けようとも、私心で動いたのではないという、絶対の自信があったのです。

この松陰の和歌は、坂本龍馬の、

「世の人はわれをなにともゆはゞいへわがなすることはわれのみぞしる」

あるいは高杉晋作の、

松陰と金子（右）銅像（萩市）

「西へ行く人を慕ひて東行く心の底ぞ神や知るらむ」

といった和歌や、勝海舟《かつかいしゅう》の、

「行は我にあり毀誉《きよ》は他人にある」（行動は自分の責任、批判は他人がやること）

という言にも通じます。

いずれも、先覚者ゆえに理解されず、それでも進もうとする強い意志が、滲《にじ》み出ています。各人の人生は理解されない孤独との戦いであり、その生きざまに思いを馳せながら読むと、なお興味深いものがあります。

さて、下田の番所で一応の取り調べを受けた松陰らは駕籠《かご》に乗せられ、江戸に送られることになりました。

四月十五日、駕籠が高輪泉岳寺《せんがくじ》の門前を通った時、松陰はここに眠る赤穂浪士と自分自身を重ね合わせ、

「かくすればかくなるものとしりながらやむにやまれぬ大和魂」

と詠じました。

次にくるのが苛酷な処分であることを十分承知しながら、それでも国の将来を案じたら、行動を起こさずにはいられない。それが松陰の「やむにやまれぬ大和魂」なのです。

江戸に着いた松陰らは奉行所で取り調べられた後、伝馬町《てんまちょう》の牢に繋がれることとなりました。すでに松陰は死を覚悟していましたから、何事も包み隠さず、堂々と申し開きをしています。

しかし運悪く、海岸に漂着した小舟の中から、佐久間象山が松陰を激励した漢詩が発見されます。

これにより象山も事件に連座し、捕らえられました。そして取り調べのすえ、故郷の信州松代に送られ、文久《ぶんきゅう》二年（一八六二）十二月までの永い蟄居《ちっきょ》生活が始まります。

野山獄を「福堂」に

密航未遂事件を起こした松陰に下された幕府の採決は、帰国させ、実父杉百合之助へ引

き渡して蟄居させるというものでした。

幕府が意外と寛容だったのは、「一途《いちず》に御国の御為を存じ成し仕《つかまつ》り」つまり天下国家のための行動だったことを、認めたからです。それにペリー提督からも、前途ある青年を愛惜するようにとの勧告があったといいます。和親条約が結ばれたばかりでもあり、幕府も政治的な配慮をしたのでしょう。

こうして松陰と金子を乗せた駕籠は、安政元年（一八五四）十月二十四日、萩に到着しました。幕府の判決は親元で謹慎でしたが、長州藩は二人を城下の獄に投じます。幕府に遠慮したようで、わざわざ松陰の父から「借牢願い」を出させました。

ただし、二人一緒ではありません。士分の松陰は野山獄《のやまごく》、庶民の金子は岩倉獄です。すでに江戸の獄中から病が悪化していた金子は、翌二年一月十一日、二十五歳でこの世を去ることになります。

松陰が、この野山獄に繋がれた期間は一年二カ月でしたが、学問に対する情熱はますます旺盛。読書記によると、在獄の間、読んだ本は六百十八冊にも及びます。

さらに松陰は、この野山獄を「福堂」に変えようと考えました。福堂とは、「智者は囹《れい》圄《ご》（牢獄）を以て福堂となす」という、中国の古い言によります。

当時の野山獄は、南北の二棟から成り、一棟は六室に仕切られ、十一人が繋がれていました。安政元年当時、二十五歳の松陰は囚人中、最年少です。

松陰が記すところによると、野山獄から出獄する者は稀《まれ》で、幽囚が五十年も続いている者もいたそうです。幸いに出獄できるのは十人中、わずか一、二人という有様。当然、明日をも知れぬ囚人たちの心は、荒《すさ》んでいます。

当時、日本の牢獄とは、罪人を投じて苦しみを与えるための施設と考えられていました。だから、牢獄を恐れた人々は罪を犯さないというのです。

しかし、これではいけない。

なぜなら松陰が見るところ、何の見通しも与えられぬまま、永く獄につながれていると、「悪術」を企んでも、「善思」を生ずる者がいないのです。こんな状態は「善治」ではありません。牢獄とは、投じられた罪人が教育を受け、更正するための施設でなくてはならないのです。

そこで松陰は、アメリカの獄制を参考に、獄中での教育を行い、牢獄を「福堂」に変えようとします。良いものは、アメリカのものでも積極的に採り入れる。柔軟な姿勢が松陰にはあります。

志も学もある囚人を獄長にし、獄中の運営を任せ、囚人には読書、写字、諸種の学芸にあたらせる。入獄期間は三年を一期とし、更正の具合を見て放免するか、刑を継続させるかを検討する。

野山獄跡（萩市）

こんな牢獄が、松陰の提案する「福堂」なのです。そして松陰は、自ら獄中教育を実践しました。

例えば、安政二年四月十二日から六月十日にかけて、松陰は獄中で『孟子《もうし》』を講義し、さらに学問を深めるための輪講会を始めます。『日本外史』を他の囚人と対読したり、『論語《ろんご》』も講義しました。日本の外交や国防の具体策といった時事問題も、議論しました。または囚人たちの特技を見つけ、俳句の会などを開いて、今度は松陰が教えを受けます。

こうして野山獄の風紀は一変し、講義が始まると、獄の役人までが廊下に立って聞くようになったそうです。驚いた藩では、安政二年十二月十五日、病気保養を名目に松陰を野山獄から出してやり、実家の杉家で幽囚させることにしました。こうして松陰は、杉家東隅、三畳半の一室で起居することになります。

それから、獄から出された松陰は、囚人たちの放免にも尽力し、安政三、四年で八人が放免されました。これが、日本史の中でも類を見ない、松陰の獄中教育の成果です。

第四章　めだかの学校

教育熱心な長州藩

かつて、剣術師範の平岡から、学問を講じることで「真の人間」の育成に専念せよと諭された吉田松陰ですが、彼には教育者としての天性の才があったようです。

もっとも、松陰という教育者が生まれた背景には、教育熱心な長州藩の存在も忘れてはなりません。

毛利《もうり》家は朝廷の学者であった大江匡房《まさふさ》や大江広元を先祖に持つ家ですから、学問を重んじる気風がありました。それに、「国」を支えるのは結局は「人」なのだという考えが根強く、人材の育成にも積極的でした。松陰が脱藩、密航未遂と、派手な事件を引き起こしながらも、生き延びることができたのは、「人材」と認められていたからです。

萩にあった長州藩の最高学府・藩校明倫館《めいりんかん》は、享保《きょうほう》四年（一七一九）の創建でした。これは江戸時代を通して建てられた、二百校にものぼる全国の藩校の中では、十二番目にできたものです。松陰が山鹿《やまが》流の兵学者として、初めて教壇に立ったのも、ここでした。

さらに、天保の改革に成功した長州藩は、嘉永《かえい》二年（一八四九）、堀内にあった明倫館を江向《えむかい》に移転、拡張し、組織を改革します。ペリー艦隊来航の四年前という、緊迫した情勢も反映され、教育内容は学問と同様、武術の習練にも力が注がれました。

また、八歳から十四歳までの初等教育と、十五歳以上の高等教育について、それぞれのカリキュラムが制定されます。前者は「小学生」と呼ばれ、三科目で八等から成ります。後者は「大学生」と呼ばれ、五科目で複合等級制でした。

明倫館「観徳門」と剣槍術場「有備館」(萩市)

明倫館で学んだ藩士が、各地で私塾・郷校を主宰する。

つづいて私塾・郷校で学んだ者が寺小屋を開く。

このように、明倫館を核として、長州藩内に教育がどんどん広がってゆきます。

そして維新の頃になると、藩内には郷校十九、私塾百五、裾野とも言える寺小屋に至っては、一千三百七を数えるまでになっていました。これは全国的に見ても、非常に高い教育の普及率でした。

松下村塾がスタート

杉家の薄暗い幽囚室で暮らすようになった松

陰は、外出も許されていません。そこで家族や親戚の者たち相手に、獄中からの続きであった『孟子』の講義を行います。

また、近所の子供たちも勉強を教わろうと、密かに松陰のもとを訪ねてきます。さらに安政三年（一八五六）八月からは、『武教全書』の講義を始めました。十一歳の頃、藩主の前で進講した、あの山鹿流の兵学書です。

このようにして、松陰が主宰する「松下村塾《しょうかそんじゅく》」が始まりました。

『武教全書』の後、松陰は松下村塾で『武教小学』『日本外史』『陰徳太平記』『春秋左氏伝』『資治通鑑《しじつがん》』等の講義を続けています。さらに時事問題についても、塾生たちと時には激しく論じ合います。

塾名の由来は当時、このあたりの地名が松本村だったからです。「下」と「本」は「もと」という意味では同じ漢字と考えられていましたから、「松本村塾」を「松下村塾」と書き、「しょうかそんじゅく」と読んだのでしょう。もっとも名付け親は松陰ではありません。叔父の玉木文之進《ぶんのしん》です。

そもそも松下村塾は、玉木が自宅で開いていた私塾でした。その後、親戚の久保五郎左衛門が引き継ぎ、さらに松陰が主宰するようになります。

つまり、松陰は三代目の主宰者でした。

私が特に、松陰が主宰する松下村塾に感心させられるのは、次の三点です。

一点目は、松陰が指導した期間がきわめて短いこと。いくつかの説がありますが、最も長いものでも二年半。教育というのは、時間を費やせばいいというものではないのです。

二点目は、教育施設である塾舎が粗末な小屋、まさに陋屋《ろうおく》に過ぎないこと。萩市の松陰神社に国指定史跡として残る松下村塾の遺構は、二室十八畳半の小屋です。幽囚室を出た松陰は、ここを教育の場としました。

向かって右の八畳からなる講義室は、安政四年十一月に竣工しています。さらに塾生が増えたため、翌五年三月、十畳半分を塾生たちが増築しました。それは現代の学校舎とは比較できないほど、粗末なもの。教育というのは、設備ではないのです。

そして、この陋屋で短期間、松陰の教えを受けた中から、幕末から明治にかけての日本をリードした人材が、続々と輩出されます。これが三点目です。

思いつくままに、名を挙げてみましょう。

維新前に若くして国事に倒れた者には、高杉晋作（二十九）・久坂玄瑞《くさかげんずい》（二十五）・入江九一《くいち》（二十八）・吉田稔麿《としまろ》（二十四）・寺島忠三郎《ちゅうざぶろう》（二十二）・松浦《まつら》松洞《しょうどう》（二十六）・有吉熊次郎（二十三）・弘忠貞（二十八）・杉山松介（二十七）・大谷茂樹（二十八）・赤禰《あかね》武人《たけと》（二十九）・時山直八（三十一）・駒井政五郎（二十九）などがいます。括弧内は数えの享年です。ほとんどが二十代というのが、痛々しい。

続いて、白刃の下をくぐり抜け、生きて明治の世を見、国家の中枢で働いて栄達を遂げた者には、前原一誠《いっせい》（参議、兵部大輔）・伊藤博文《ひろぶみ》（初代内閣総理大臣）・山県有朋《ありとも》（内閣総理大臣、陸軍大将、元帥）・山田顕義《あきよし》（初代司法大臣、日本大学・国学院大学学祖）・品川弥二郎《やじろう》（内務大臣）・野村靖（内務大臣・逓信大臣）・渡辺蒿蔵《こうぞう》（長崎造船所創設）・正木退蔵（ハワイ総領事）などがいます。括弧内は彼らが就いた地位、成し遂げた仕事のごく一部です。ただし前原一誠は、明治九年（一八七六）、政府に不満を抱く士族たちの反乱「萩の乱」の首謀者となり、斬首に処されています。

塾生は近所の子供たち

驚かされるのは、歴史上に名を留めた塾生の数だけではありません。最も驚嘆すべきは、彼らの大半が松下村塾の近所に住む、ごく普通の少年に過ぎなかったという点です。

幕末は、比較的自由な学風を持つ、私学の台頭を許した時代でもありました。官学の形骸化された学問だけでは、目まぐるしく変動する時の勢いに、対応し切れなくなったのです。

松下村塾と並び称される幕末の私塾に、大坂の蘭学塾適塾《てきじゆく》（緒方洪庵《おがたこうあん》主宰）と、九州日田の漢学塾咸宜園《かんぎえん》（広瀬淡窓《たんそう》主宰）があります。

松下村塾の遺構（萩市）

それぞれの塾の成り立ちや性格を、ここで比較することはしませんが、いずれも、幕末から明治にかけ、多くの人材を世に送り出した点では、松下村塾に共通するものがあります。

しかし、この二つの私塾が松下村塾と決定的に異なるのは、適塾と咸宜園には全国各地から選《え》りすぐりの「秀才たち」が集まってきたのに対し、松下村塾は「近所の少年たち」が中心だったという点ではないでしょうか。

例えば伊藤博文。利助《りすけ》（のち俊輔《しゆんすけ》）と称した少年時代は、その腕白ぶりが近所でも有名だったようです。彼は瀬戸内に近い、熊毛郡束荷《つかり》（現在の山口県光市）の農民出身です。少年時代、萩に出てきて、家族ぐるみで中間《ちゆうげん》という最下級の武士である伊藤家に養子に入りました。

安政三年（一八五六）、伊藤は藩命で相模湾（神奈川県）の警備に出張した際、長州藩士来原良蔵《くるはらりょうぞう》に見込まれ、帰国したら松陰に師事するよう勧められます。

幸い伊藤家は、松下村塾から僅か数百メートルしか離れていませんでした。

この距離が、伊藤の人生の大きな分岐点になったと言えます。もし、生誕地の熊毛郡束荷に住んでいたら、あるいは同じ萩でも、松下村塾から数キロ離れた場所に住んでいたら、松陰や他の門下生たちとの出会いはなかったかも知れない。

そうすれば、伊藤の人生もまた別のものになっていたでしょう。

松陰という若き一人の指導者のもとから、多数の「人材」が輩出された事実から何を読み取るか。それは、優れた指導者が一人いれば、人材は育つということです。

「人材がいない、人材がいない」

と、不平をこぼしているような指導者は、指導者として失格と言わざるをえません。

人材は探し回るものではなく、指導者が育てるものであることを、松陰が主宰した松下村塾の史実は如実に示しているのです。

もっとも、昨今の「即戦力」ばかりを求めたがる企業や役所等の風潮では、指導者が人を育てるということ自体が忘れ去られつつあるようです。

国でも組織でも、それを支える「人」作りを放棄した時、崩壊への坂道を転がり落ちるしかないのです。

「教化」ではなく「感化」

松陰はなぜ、そこまで塾生たちに影響を与えることができたのでしょうか。

それは、松陰がその教えを自分自身で実行して見せたからでしょう。自分でやって見せる先生だったのです。

萩は城下町ですから、当時は沢山の学者がいました。しかし、いくら立派な意見を吐いても、机上の空論では少年たちの心には届かないのです。

松陰のもとに通ってきていた塾生たちの年齢は、大半が十代の後半。現代で言うなら、中学生か高校生くらいの年代です。

少年というのは感受性が鋭く、純粋で、つねに何が「本物」で、何が「偽物」なのかを真剣に知りたがっています。それだけに、研ぎ澄まされた嗅覚も持っています。だから、机上の空論を玩《もてあそ》んだところで、すぐに「偽物」は見抜かれるでしょう。それは理屈ではありません。

松陰は外見は、貧相でした。がりがりに痩せていたし、見るからに腕っぷしも強そうじ

吉田松陰肖像（著者蔵）

ゃない。懐に沢山の書籍を入れて歩いていたので、片方の肩が下がっていたともいいます。しかもあまり風呂に入らぬから、近づくと臭い。外見に頓着《とんちゃく》する人でなかったのは確かです。

　しかし、少年たちは、松陰を軽んじることは決してありませんでした。

　それは、少年たちの目に、なによりも松陰が魅力的な、「本物」の「英雄」として映っていたからだと思います。

　松陰は学問の心得として、

「学者になってはならぬ、人は実行が第一である」

と、つねづね塾生に説いていました。そして自らも、この教訓を実践してきました。

脱藩して東北を遊歴したり、アメリカ密航を企てたりといった一見、血気にはやったような危険な行動も、若い塾生たちにとっては、血湧き肉躍る「冒険譚」や「武勇伝」でしょう。萩以外の世界を知らない塾生たちの多くは、松陰の話を「窓」にして、そこから世界を見ようとしたのです。

現代で言うなら、パスポートを持たずに世界中を飛び回ったとか、宇宙からやって来たUFOに乗ろうとしたという話に匹敵するでしょう。

そんな凄い体験を重ねている「本物」の「英雄」が、松陰なのです。

しかも、そこには一片の私心もない。

ただひたすら日本の将来を案じ、我が身の危険を承知で行動していたのですから、少年たちの魂は激しく揺さぶられたに違いありません。

そして、師の背中を見た塾生たちは、今度は自分も、

「なんとかしなければ!」

との気持ちを高めてゆくのです。

松陰は理屈だけで、塾生たちを「教化」したのではありません。自身の生きざまを見せることで、「感化」してしまったのです。

めだかの学校

渡辺蒿蔵《わたなべこうぞう》(旧名・天野清三郎)という松下村塾生がいました。松陰の教えを受けたの

は、十代半ばの頃。その後、慶応三年（一八六七）にイギリスに秘密留学し、維新後は長崎造船所を創設し、日本の造船界に貢献しました。後年は「語りべ」として、松下村塾での松陰の面影を語り残し、故郷萩において昭和十四年（一九三九）、九十七歳の天寿をまっとうします。

渡辺の回顧談によると、松陰はきわめて丁寧な物腰で塾生に接し、大変優しかったそうです。年長者に対しては、大抵「あなた」と呼び、年少者に対しては、「おまへ」などと呼んでいました。

また、松陰の授業風景について「先生の坐処《ざしょ》定まらず、諸生の処に来りて、そこにて教授す」と、語っています。つまり、塾内における松陰の座る定位置というものがなく、塾生たちがいる長机の間に入ってきて、講義や談論をしたというのです。

あるいは、これは天野御民という別の塾生の回顧録にあるのですが、十六、七歳の馬島《まじま》春海《しゅんかい》と滝弥太郎が入門を希望した時のこと。

二人に対し松陰は、

「教授は能《あた》はざるも、君等と共に講究せん」

との言葉をかけました。

教えることはできないが、君たちと共に勉強してゆこうというのです。

これらの証言を見てゆくと、松陰が松下村塾で目指したのは、童謡「めだかの学校」のような雰囲気だったらしい。

どれが生徒か、先生か分からない。

皆で楽しくお遊戯している。

松陰は塾生を皆、「同志」として遇したのです。

それでも塾生たちは、松陰を心から尊敬しているから、師弟間の秩序は決して乱れませんでした。いくら先生が自分たちの方に下りてきても、塾生たちは緊張を緩《ゆる》めない。

師弟間の垣根は、こうした信頼関係が成り立った場合、設ける必要はないのです。「めだかの学校」は、教える者と、教えられる者の、最も理想的な関係と言えるでしょう。

たとえば現代の教師が、物分かりの良さそうな顔をして、教壇を捨て、生徒たちの群の中に飛び込んで、

「さあ、これからは、友達として交わろうじゃないか」

なんて言ったら、どうなるか。

ちゃんとした信頼関係があれば別ですが、大抵は「学級崩壊」が起こるのは、目に見えています。

少年は特に、利害関係のない人間関係には残酷です。純粋と言ってもいい。「その人」

に魅力がなければ、たちまちそっぽを向く。あるいは軽薄なものを感じ取ったら、即座に侮りにかかる。

魅力のない、無能な指導者は、それを秩序や権威の力を借りて、強引にねじ込め、押さえつけ、治めようとします。まず、自分は指導者だから偉いのだという、垣根を作る。次に、その垣根の内側で居丈高になったり、必要以上に尊大になって、相手に従属、隷属を強いる。あるいは裏から手を回し、圧力をかけ、政治的に従わせるやり方もあるでしょう。

しかし、そんなものは本来、「人」が「人」を導くための要素とは無関係であることは、言うまでもありません。そんな指導者のもとからは、人材は育つはずがないのです。

「暴れ牛」に学問をさせる

松陰の教育は、塾生ひとりひとりの個性を大切にしたのも特徴のひとつです。

例えば、安政四年(一八五七)、十九歳の高杉晋作が入門してきた時のこと。

最初、松陰が見るところ、晋作の学問は未熟でした。しかも、自分流に物事を解釈する悪癖(松陰は「任意自用の癖」と呼ぶ)もあったようです。

しかし、松陰は晋作を、「有識の士」と見抜きました。直感力で、物事の正しいか否かを見分ける嗅覚が備わっていると見たのです。本気で学問させたら、この天性の才にさらに磨きがかかり、素晴らしい人物になると思ったのです。

晋作は名門高杉家の跡取り息子で、明倫館《めいりんかん》で学んでいましたが、この頃は剣術に熱中し、武人を気取るような若者でした。

我がままで、負けん気が強く、子供の頃には、正月に晋作の凧《たこ》を踏み破った武士に激しく抗議し、土下座して謝罪させたという伝説もある。友人たちからも、「鼻輪のない暴れ牛」と呼ばれ、恐れられていたといいます。

しかし、それだけに、松陰が欠点を指摘したら、晋作はよけい意固地になって、学問をやらないかもしれない。あるいは、へそを曲げて、松下村塾通いを止めてしまうかもしれない。

人間、欠点を指摘されるのは面白くない。それが、的《まと》を射ていればいる程、面白くないものです。下手をすると、せっかくの長所までも潰してしまいかねない。

そこで松陰は、しばらく晋作を観察してみました。

すると、晋作はひとつ年少の久坂玄瑞に大変なライバル意識を抱いていることが、分かってきます。

久坂は藩医の家に生まれましたが、不幸なことに両親や兄を早くに亡くし、天涯孤独の身でした。子供の頃から秀才として知られ、外交問題について松陰に論争を挑んだ末、心

久坂玄瑞

服して塾生になります。松陰もまた「防長年少中第一流」と絶賛するほど、自慢の門下生の一人でした。安政四年十二月には十五歳になる末妹文《ふみ》を嫁がせて、義弟にしてしまったほどです。

晋作と久坂は幼少の頃、寺小屋で共に机を並べていました。負けん気の強い晋作にとり、久坂はその時以来のライバルなのです。

そこで松陰は、晋作を発奮させるため、わざと晋作がいる前で、久坂を誉めました。「久坂君の文章は素晴らしい」とか、「久坂君の詩は上達した」とか、やったのだと思います。

これでは傍らで見ている晋作は、内心面白くない。悔しくてならないので、ひそかに猛勉強を始めます。すると、みるみるうちに晋作の議論は卓越したものになり、塾生たちから一目置かれる存在になります。さらには松陰も、何か物事を決める時には、晋作の意見を重視するまでになったといいます。

こうして晋作は、久坂と共に並び称されるようになり、松陰門下の「竜虎《りゅうこ》」とか、「双璧《そうへき》」と呼ばれるのです。

さらに松陰は、二人を互いに認めさせ、親友にさせてしまいます。

晋作は久坂のことを「当世無比」と評し、久坂は晋作の「識」にはとてもかなわないと絶賛しました。ライバルであっても、敵意を持ってしまってはよろしくない。

松陰は晋作に、「天下にはもとより才ある人間は多い。しかし唯一、玄瑞は失うな」と、釘を刺してもいるのです。

ちなみに、後世の者たちは、晋作・久坂に入江九一（杉蔵）・吉田稔麿（栄太郎）を加え、松陰門下の「四天王」と呼びました。

しかし四人のうち、誰一人「明治」という時代をその目で見る事なく、斃《たお》れていきます。吉田は元治元年（一八六四）六月の京都池田屋事変で闘死、久坂と入江は同年七月の禁門《きんもん》の変で自刃、戦死。晋作は慶応三年（一八六七）四月、病死するのです。

ここにも、松陰の凄まじい教育の成果を見る思いがします。

継承される松陰の「経済」の教え

松下村塾に通い、松陰の教えを受けた者として九十二名が判明しています。うち武士身分は七十六名で全体の八十三パーセントを占め、二十名ほどが下級武士の子弟でした（海原徹『松下村塾の人びと』）。藩校明倫館は依然、厳しい身分による入学制限がありましたが、松下村塾は身分や年齢を問わなかったからです。

彼らの多くは将来、藩に下級役人として出仕し、民政に従事する可能性がありました。そこで松陰は、それを見据えた指導をしてゆきます。

松本村の下級武士の家に生まれた品川弥二郎が、松陰に師事するようになったのは、十五歳の安政四年（一八五七）九月頃だったと言われています。

松陰は弥二郎を「俊才」と認め、また、「弥二の才、得易《えやす》からず」と評し、特に可愛がりました。いつも側に置き、墨をすらせる等したと伝えられます。

その弥二郎の人生の出発点となった逸話が、彼の回顧録に出てきます。松陰から算術を学ぶよう勧められたという、こんな一節です。

「算術は此の頃武家の風習として、一般に士たる者は如斯《かくのごとき》ことは心得るに及ばずとして卑《いや》しみたるものなりしに、先生は大切なる事とせられ、書生にも九々を教へられたり」

ただし、当時十五、六歳の少年だった弥二郎には、その意味が理解できなかったようです。算術に通じれば、「俗吏《ぞくり》」にされてしまうので、学問修行の邪魔になると、これを拒もうとしました。

ところが松陰は、

「此《この》算術に就ては士農工商の別なく、世間のこと算術球をはずれたるものはなし」

と常に戒めます。

あるいは、

「経済々々」

と口にする松陰を見て弥二郎は、

「唯経済とは金儲けのこととのみ思はれ、奇妙な事を云ふ先生なる哉《かな》」

と、思ったともいいます。

松陰は、佐藤信淵《のぶひろ》『農政本論』『経済要録』、陸曾禹撰『欽定康済録』（略して『康済録』とも）、太宰春台《しゅんだい》『産語』、大蔵永常《ながつね》『農家益』、宮崎安貞《やすさだ》『農業全書』などを読んでおり、その言動の基礎には東洋的（儒学的）な政治学としての「経済」（経世済民）を見通していたのです。

維新後、内務省書記官を務める弥二郎を、神奈川県知事の野村靖が訪ねてきたことがあります。野村もまた長州藩下級武士の出身で、弥二郎と机を並べ親しく松陰の教えを受けた一人です。

野村は突然、弥二郎に、「君はかの『康済録』を覚えて居るか」と問う。

二人はこの本に、ある共通の思い出を持っていました。実は野村は松陰から『康済録』を読むことを勧められたことがあります。しかし眠気を催すほど面白くないからと野村が返すと、松陰は、

「野村が之《これ》が分からんでは実に困る」

と、癇癪を起こします。

それを見ていた弥二郎は、興味を覚えて借りて帰るのですが、

「成程《なるほど》野村の言ひたるが如く如何にも面白くない書なりし」

といった感想を抱きました。

時は流れ、野村が知事を務める神奈川県下でカニの害が発生し、畑作物が荒らされて農家が困窮した時のこと。その対策が急務となり、集められた書物の中に、野村は『康済録』を見つけ、松陰の「恩」を理解し感謝したそうです。

野村からこの話を聞いた弥二郎は、次のような感慨を述べます。

「眠気を催すとて読まざりし書が、明治の今日斯《か》く役立つとは、実に先生が経済の事に注意せられたる一般及び塾生の教育に心を用ひられたる一般を見るに足るべし」

弥二郎はドイツ公使、内務大臣などを歴任し、枢密顧問官などを務め、明治三十三年（一九〇〇）二月二十六日、五十八歳で没しました。

弥二郎の業績のひとつに、産業の発達を奨励し、産業組合の設立に尽力したことが挙げられます。それは、弥二郎なりに、松陰の「経済」の教えを継承した成果と言えるのです。

付いてゆけない師

ただし、松陰の放つ強烈な個性は、全ての人々に理解され、受け入れられたとは思えません。

「義」のためには、わき目もふらず突進する。それが松陰の魅力でもある反面、人間関係の上で時にはとんでもない支障を生んでしまうのです。それは、松陰自身にとっての苦悩でもありました。そんな素顔も知っておかなければ、松陰は単に超人的な歴史上の人物になってしまいます。

日大・国学院の学祖でもある山田顕義は、「市之允《いちのじょう》」と称した十代半ば、松下村塾で一時、松陰の教えを受けたことがあります。

それから二、三十年後のこと。

『武蔵野』などで知られる、明治の作家国木田独歩《どっぽ》は、松下村塾で教鞭を執ったことのある富永有隣《ゆうりん》に面接し、山田少年についての質問を発しました。

富永はアクの強い尊大な男で、そのため日本海に浮かぶ見島《みしま》に流されたり、野山獄《のやまごく》に投じられたりしていました。しかし獄中で出会った松陰にはなぜか心服し、出獄後は松下村塾に迎えられ、「賓師《ひんし》」という扱いを受けたのです。

独歩の問いに対し富永は、山田市之允は本をよく読む子だったとし、こんな思い出話をします。

「正月の何日であったか、市イー（山田顕義）がワシの処に年始の礼に来た。帰ったと思ったら、暫《しばら》くしてまた式居《しきい》をバタバタ上ってくるから、何だろうと思ってゐると、ワシの前に来て、今吉田先生の所へ年始に行ったら、此の時勢に当たって年始どころではないと云うて、非常に叱られたから、ドーカ先生謝ってくれろと、涙ぐんで言ふた事があった」

年始の挨拶に来た少年を、いきなり怒鳴りつける松陰。虫の居所が、よほど悪かったのでしょうか。あるいは山田はこの時、松陰に対しある種の苦手意識を抱いたかもしれません。

後に、幕府の開国政策に憤慨した松陰は、老中間部詮勝《まなべあきかつ》の暗殺を計画するなど、暴走を始めます。

そして「時機が悪い」と、反対する高杉晋作や久坂玄瑞ら門下生に向かい、

「僕は忠義をなすつもり、諸友は功業をなすつもり」

と激しい口調で、絶交を申し入れました。すると続々と、松陰の周囲から門下生たちが離れてゆきます。

あるいは忠実に従った末、投獄された愛弟子の入江杉蔵（九一）に対しても、松陰は激しい非難の言葉を浴びせかけます。獄中の入江が、老母の行く末を案じているのが、気に入らないのです。

「杉蔵しきりに母子の情を云う。僕すこぶる不満」

「杉蔵もまた男児なれば、余り未練は申すまじく」

等々と、来島又兵衛《きじまたべえ》や桂小五郎《かつらこごろう》に手紙で述べているのです。入江が「公」の道を進む上で、「私」の情に惑わされているのが不満なのです。

しかし、ここまでくると、私にはあまりにも自分中心の「正義」にしか思えません。おそらく門下生たちの中にも、そのように感じた者がいたのではないでしょうか。

一般に松陰の印象として伝えられるのは、言語すこぶる丁寧で優しかったとか、慇懃《いんぎん》そのものだったとか、婦人のようであったとか、ソフトな面です。

しかし、これらとは別に、自分の「正義」が貫けなければ、ヒステリックになる一面があったことも確かでしょう。

だから、松下村塾の門を潜った少年たち全てが、松陰に傾倒し、従ったとも思えない。波長が合わず、さっさと去った者たちもいたことでしょう。

没後「吉田松陰」の名は日増しに巨大になり、神格化されてゆきました。長州藩を「尊王攘夷」路線で一本化するための精神的支柱として、利用されてゆきます。

それに伴い、生前少しでも教えを受けたのをいいことに、「吉田松陰」の名を利用し、自分の経歴の箔付けにする連中も現れます。崇拝者たちは、アバタもエクボ式の松陰伝記を著します。

一方、松陰のことが理解できなかったり、波長が合わなかったり、批判的に見ていた者たちの声はかき消されてしまいます。そんな風潮が、「人間松陰」の魅力を解明する上で、ネックになっているとすれば残念なことです。

ギャグを言う松陰

松陰もまた人間ですから、さまざまな顔を持っています。その中には明治以降、松陰が神格化される中で、いつしか忘れ去られてしまった側面もあります。あるいは故意に抹殺された側面もあります。ギャグを言う松陰なども、そんなひとつではないかと思います。いくつかの例を、史料や逸話から見てみましょう。

野山獄に投じられた松陰に、兄から熊の敷皮が差し入れられたことがあります。それに対し松陰は礼状で、

「熊が寅のものになった」

と述べます。松陰の通称は「寅次郎」だったからです。

あるいは同じく兄が、書籍と一緒に果物を差し入れてくれたことがありました。兄の添え状には、その数は九つとなっていましたが、実際は十あった。

そこで松陰は返事に、こう記します。

「その実十《じつ》あり、道にて子を生みにしか」

途中で果物が子供を生んだらしいというのです。

またあるいは、松下村塾の増築工事が行われた時のこと。梯子に上り、壁土を塗っていた品川弥二郎が、過《あやま》って土を落っことし、それが松陰の顔面を直撃します。ひたすら恐縮する弥二郎に対し松陰は、

「弥二よ、師の顔にあまり泥を塗るものではない」

と言ったそうです。

時には議論が白熱する松下村塾にあって、ギャグは欠かせなかったのでしょう。議論を戦わせ対立すると、どうしても険悪な雰囲気が生まれることだってある。そんな時、さり

げなく、邪魔にならない程度のギャグが出ると、雰囲気が和《なご》むものです。

松陰にとってギャグとは、そんなガス抜きの意味があったのではないかと思うのです。

松陰の教えを受けた桂小五郎や高杉晋作なども、現代人から見ると信じられぬほど難解な漢文の論策などを二十代の若さで書いてしまう。その一方で、芸者をはべらせ、三味線を弾いて即興の都々逸《どどいつ》などを歌ってみせる側面もそなえています。

こうした硬軟合わせ持つ者が、一流の人物と言えそうです。的確なところでギャグが言える松陰もまた、門下生たちにとっては魅力的に映ったことでしょう。

第五章　志を残す

「志」を立てよ

志とは心が目ざす方向です。

行き先の分からない乗り物には誰も乗らないように、心の行き先が定まっていないような者には、誰も共感したり、付いて来たりはしません。

吉田松陰は、人生において最も基本となる大切なものは、志を立てることだと日頃から門下生たちに説いていました。

たとえば松陰が安政二年（一八五五）一月、野山獄《のやまごく》中で作った「士規七則《しきしちそく》」という、有名な文章があります。武士の心得を七カ条に分けて説き、従弟の玉木彦介（毅甫・文之進の嫡子）の元服に際し、書き与えたものです。

この最後の部分で、松陰は七則の要点を次のように繰り返します。

「右の士規七則は、これを要約して三つにすることができる。すなわち、『志を立てて万事の根源とする。交友を選んで仁義の行いを助ける。書物を読んで聖賢の教えを考え究める』ことである。士が、まことにこの三つのことを修め得ることができれば、人格・教養の備わった立派な人ということができよう」（中央公論社版『日本の名著31　吉田松陰』の現代語訳）

では、志はどのようにして立てればいいのでしょうか。

松陰も傾倒していた陽明学が最も大切にしたものに、「良知《りょうち》」があります。

良知とは、天から授かったままの心の本体です。混じり気のない、最も純粋な心。

人間というのは、この良知のままに虚飾せず、隠し立てもせず、率直に行動すればいい。もし過ちがあれば改めればいい。真っ白なままに進んでいれば、おのずと正しい方向に進むように人間はできているのです。

では、天から授かったままの心とは、具体的にどんなものか。

たとえば、井戸のそばを通ったとします。

すると井戸の底から、子供の泣き声が聞こえてきました。どうやら誤って落ちたらしい。

それを聞いた瞬間、何と思うでしょうか。人間だったら即座に、

「助けなければ！」

と思うでしょう。これが天から授かったままの心です。

その時、「子供を助けたら、親から幾ばくかの謝礼を貰えるかも知れない」とか、「井戸は深くて危険だから、見て見ぬふりをしよう」とか即座に思うようでは、その心には汚らしい不純なものが混じっているのです。

私利私欲を除いた心で、一体自分がこの世で何ができるのか、何をすべきなのかを真剣に考える。

これが、志を立てることなのです。

松陰の心には、日本という国が井戸に落ちて、泣いている声が届いた。だからこそ、救国の志を立てたのです。

「志」と「目標」

では、「志」と「目標」は同じなのかというと、これは似ているようで違う。

いま、ためしに手元にある辞書で見ると、志は「心の向かうところ。心にめざすところ」とあります。

一方、目標は「目じるし。目的を達成するために設けた、めあて」とあります。

たとえば将来、医者になることを「目標」としている少年がいたとします。

「なぜ医者なのか？」

と問われた時、

「だって自分は学校の成績が優秀だから大学の医学部に入れそうだし、医者になればお金は手に入るし、尊敬はされるし、贅沢な生活もできる。だから医者になるんだ」

と返答しても、それは「目標」だからいいんです。しかし「志」は違う。

「自分は子供のころから人体図鑑を見るのが大好きだった。医学書を読んだら、難しいけど面白い。もっと深く勉強したいから大学は医学部に進みたい。そして将来は医者になり、自分の好きで仕方ない研究の成果を使って病気で苦しむ人たちを救いたい」というのが「志」です。よく「個」を殺して「公」に尽くすのが志だなどと言いますが、私は違うと思います。

自分という「個」と向き合い、徹底的に研究し、それから自分の「個」を最大限に社会の中で活かすことを考えるのが、志を立てることではないでしょうか。

志を立てて医者になった者が、大病院の院長になり、大金持ちになってもいい。しかし、絶対に志だけは忘れてはならないのです。

志を立てない者が、大金や名誉を得るのを「目標」として医者になったら、患者にとってこんなに恐ろしいことはありません。

もちろん医者に限らず、どんな職業も皆同じ。「志」を持たず、「目標」のために励む者が多いと、社会はおかしくなるのです。

学校でも将来の目標を立てよとは教えるでしょうが、志を立てよとはなかなか指導しない。あるいは、志も目標もごちゃ混ぜになってはいないでしょうか。

松下村塾の「志」

志とは、どんなに邪魔が入っても、打ちのめされても、孤立しても、それでも貫かねばならないのです。そのためには、たとえ「狂」の誹《そし》りを受けても構わないというのが、松陰の教えでした。

「狂」は崇高な境地です。変革を望み、志を胸に時代の先端に立ち続ける者たちの言動は、必ずしも周囲に理解されるわけではない。松陰や門下生たちだって、当時は「志士」ではなく、「乱民」と呼ばれ、周囲から白眼視されたそうです。松陰は、絶大な権力である幕府を激しく批判する、危険な「乱民」なのです。

松下村塾《しょうかそんじゅく》に息子が通うのに、反対する親たちは多かった。それに松下村塾に通っているというだけで、当人はともかく家族までが「乱民」として近所から村八分に遭ったという話も残っているほどです。

それでもなおかつ、誰にも理解されないものを、純粋な心をもって真剣に見つめ、進んでいるからこそ先覚者なのです。最初から誰からも理解され、支持されている先覚者など、あろうはずがない。

その厳しい宿命を、松陰たちは「狂」の境地に達することで、受け入れたのです。

人々は、先覚者を先覚者とは気づかずに、狂っていると考えます。そんな周囲の雑音に惑わされ、志を曲げないためにも、先覚者は自分は狂っているのだと、ある種開き直る必要があったのです。

先覚者を気取り、変革、改革を連呼して支持率を上げようとする現代の政治家とは、根本が違います。

松陰の影響もあり、幕末長州の若者たちは、好んで自分の行動や号に、「狂」の文字を入れました。

彼らの遺墨を見ると、高杉晋作は「東行狂生」、木戸孝允《きどたかよし》（桂小五郎）は「松菊狂夫」などと署名したものがあります。あるいは、慎重居士の代表のように言われる山県有朋《やまがたありとも》でさえ、幕末の青年時代には「狂介」と称していました。

松下村塾にも、志がありました。それは、過激な言動が祟り、再び獄に繋がれることとなった松陰が、門下生たちに残した漢詩の一節、

「松下陋村《ろうそん》と雖《いえど》も、誓って神国の幹《みき》とならん」

に、集約されています。

長門の国は日本の僻地《へきち》である。

しかも、松本村は、その僻地の中のさらなる僻地にある。しかし、ここを世界の中心と考え、励もうではないか。そうすれば、ここから天下を「奮発」させ、諸外国を「震動」

させることができるかも知れない。

壮大です。しかし、松本村の小屋で、近所の子供たちを集めて教えているに過ぎない松陰が、こんなことを言っていると、案の定、周囲の者は狂っていると思ったかもしれません。好意的に見たって、若き松陰の青臭い理想にしか見えなかったでしょう。

しかし、実際はこの志こそが現実のものになってゆくのです。「乱民」と呼ばれながらも、「志を立てて万事の根源」とした者たちが、時代を揺り動かしたのでした。

「安政の五カ国条約」に憤る

その後、松下村塾を主宰した松陰は、幕府が「安政の五カ国条約」を締結したのを機に、ついに行動を起こそうとします。

アメリカ総領事ハリスは、ある時は威嚇し、ある時は説得するという巧みなやり方で、幕府との交渉を進めました。そして安政五年（一八五八）六月、日米修好通商条約を調印することに成功します。

ペリーが半開きにして去った日本の「扉」を、ハリスが全開させたのでした。

続いて同様の条約が、オランダ・ロシア・イギリス・フランスとの間にも結ばれました。これが、「安政の五カ国条約」です。

いずれも自由貿易を骨子とし、開港を規定したものでしたが、日本にとっては不利な条約であることは確かでした。

関税自主権を否定し、領事裁判権を規定する。つまり、外国から安い品物が流れこみ、国内の産業が混乱しても、関税によって調節することができないのです。

あるいは、治外法権を認めたので、外国人が日本で犯罪を犯しても、日本側では裁くことができません。

これらは当時、西洋列強がアジア各国と締結していた不平等条約に沿った内容でした。

ちなみに、この治外法権などは明治三十二年（一八九九）七月まで残り、その後の日本を苦しめてゆきます。

開国という決断を下すに際し、自信がなく弱気になっていた幕府は、天皇の許可、すなわち勅許《ちょっきょ》を得ることで、挙国一致で開国したとのポーズを内外に示そうと考えます。ただ、本音を言えば非難の矛先《ほこさき》をかわし、責任の所在を曖昧《あいまい》にしたかったのではないでしょうか。勅許など形式的なもので、すぐに貰えると、高をくくっていた節もあります。

ところが、孝明《こうめい》天皇は熱烈な攘夷論者だったので、頑として幕府の申し出を認めませんでした。このため幕府は、勅許が得られぬまま、条約に調印せざるをえなくなります。

こうなれば、勅許を求めたことが、かえって藪蛇《やぶへび》になりました。

今度は勅許なしの条約として、幕府に対する非難の声が官民両方から湧き起こることになったのです。それまで政治に参加することのなかった在野の知識人や若者にまで、「志士活動」を始めるきっかけを与えてしまいました。

松陰は日本が開国し、貿易により豊かに発展することについては、異論がありません。しかし、幕府が行ったのは、天皇の意を無視した上、アメリカはじめ諸外国の一方的な要求に屈した、屈辱的な開国として松陰の目には映りました。このまま幕府に任せていては、日本は西洋列強の属国になるとの危機感を募らせた松陰は、「大義を論ず」と題した意見書を書き、藩に提出しています。その中には、

「墨夷（アメリカ）の謀《はかりごと》は神州の患たるは必せり」

「征夷（将軍）は天下の賊なり。今を措《お》きて討たざれば、天下後世、これ吾れを何と謂《い》わん」

等と、アメリカや幕府に対し憤る、過激な言葉が並びます。

この時から二年ほど前の安政三年八月、安芸《あき》の勤王僧宇都宮黙霖《うつのみやもくりん》と文通で激論した松陰は、最初「諫幕論《かんばくろん》」を主張しますが、黙霖の「一筆姦権を感ぜしむ」という「討幕論」に傾いていました。諫めて駄目なら、討つのです。

日本を守ることのできない幕府は政権の座から退かせる。そして、朝廷を政治の中心に

押し出し、人材を集めて日本を再構築する。さらには、諸外国が日本を対等な国だと認め、条約を改めるまでは、断固抵抗を貫く。

これが、松陰の唱えた「尊王攘夷」でした。

単なる排他主義ではなく、日本を改造し、独立させるための尊王攘夷です。松陰は攘夷論者ではあっても、鎖国論者ではありませんでした。

この頃から一気に、松陰の政治的言動に、過激の度が増してゆきます。

井伊大老の独裁政治

安政五年（一八五八）四月、幕府の大老に就任した彦根藩主の井伊直弼《なおすけ》は、強引なやり方で、それまでの幕府の懸案を、次々と片付けてゆきます。

まず、先述のように、六月に勅許を得ないまま、日米修好通商条約に調印。

続いて将軍継嗣《けいし》問題では、対立候補の水戸藩出身である一橋慶喜《よしのぶ》を斥け、自分が推す紀州藩の徳川慶福《よしとみ》（家茂《いえもち》）を、次期将軍に決めました。慶福は当時十三歳でした。

井伊は政争に敗れた一橋慶喜を支持した大名たちを、一掃することも忘れません。政敵だった徳川斉昭《なりあき》（水戸）や徳川慶勝《よしかつ》（尾張）・山内容堂《ようどう》（土佐）・伊達宗城《むねなり》（伊予宇和島）などが、謹慎、隠居などの厳しい処分を受け、表舞台から去ってゆきます。

こうした井伊の独裁により、追い詰められた水戸藩は朝廷の権威を借り、勢力挽回の策を練りました。

その年八月、水戸藩は幕府の頭越しに朝廷から密勅《みっちょく》を受け、これを盾に幕府に乗り込み、改造を進めようとしたのです。

いわゆる「戊午《ぼご》の密勅事件」です。

あわてた井伊は、水戸藩に圧力をかけ、密勅を諸大名に伝達することを禁じました。

それにしても、勅諚が一大名に下ったという事実だけでも前代未聞。井伊の受けた衝撃は、想像を絶するものだったと思います。

そこで井伊は、自分の政策に反対する者を、公卿・大名から、在野の学者や浪人、僧侶にいたるまで、徹底的に根絶やしにするため、大弾圧を断行するのです。

これが「安政の大獄《たいごく》」です。

九月七日、京都で梅田雲浜《うんぴん》（源次郎）という浪人学者が逮捕されたことで、大獄の幕は切って落とされます。梅田は小浜藩出身で、梁川星巌《やながわせいがん》と並ぶ在野の勤王運動の指導者でした。続いて密勅降下に奔走した水戸藩士や関係者なども次々と逮捕され、その数は百名を超えたといいます。

そして松陰もまた、この大弾圧に巻き込まれ、犠牲者になるのです。

草莽崛起の人

水戸藩や薩摩藩等の過激派の中には、独裁者と化した井伊大老を、暗殺により取り除こうという動きが出てきます。これに刺激を受けた松陰は、老中間部詮勝《まなべあきかつ》の暗殺を企みます。鯖江《さばえ》藩主の間部は、井伊の指示を受け、京都で安政の大獄の指揮を執っていました。

安政五年（一八五八）十一月六日、松陰は佐世八十郎や品川弥二郎《やじろう》ら門下生十七名の計画への賛同を得ます。さらに間部要撃のための武器弾薬の貸し付けを藩政府の重役に、軍資金百両の調達を同志土屋蕭海《しょうかい》に、堂々と依頼します。

このあたりがいかにも松陰らしい。

暗殺ならば、秘密裏に計画を進めるべきでしょう。しかし、天地神明に恥じない「正義」であると信じて疑わない松陰は、日本を救うため、藩を挙げ、正々堂々とその旗を推し進めようとしたのです。

この間部要撃計画は、藩首脳部を仰天させ、震撼させます。松陰の理解者であるはずの、藩主側近で「正義派」首領である周布政之助《すふまさのすけ》も、強く反対します。そして松陰に、説得に応じなければ投獄すると迫ります。

藩にとって危険極まりない存在となった松陰に、自宅監禁（厳囚）の命が下りました。十一月二十九日のことです。

さらにひと月後には、松陰は再び野山獄に繋がれてしまいました。

江戸に出ていた高杉晋作・久坂玄瑞《くさかげんすい》・飯田正伯・尾寺新之丞《しんのじょう》・中谷正亮《しょうすけ》の五人は、松陰の暴走を案じ、自重を促す手紙を送ってきます。十二月十一日付のこの手紙には、血判まで添えられていましたから、彼らの覚悟の程が窺えます。

晋作たちは、松陰の言動を「正論」と認めつつも、将軍宣下（新将軍を朝廷が承認すること）も済んだので、行動を起こしたら、かえって毛利家に迷惑がかかる、時機が悪いと説きました。

獄中の松陰は、これに対して激怒し、

「僕は忠義をなすつもり、諸友は功業をなすつもり」

と、激しい口調で、晋作らに絶交を申し込みます。あるいは別の塾生に書き送った手紙に、

「皆々ぬれ手で粟《あわ》をつかむつもりか」

と、「正義」のため、尊王攘夷の捨て石になるために、共に危地に飛び込もうとしない者たちを、激しく罵るのです。

次に、松陰は「伏見要駕策《ようがのさく》」に熱中してゆきます。

来る三月、参勤交代する途上の藩主の駕籠《かご》を、松下塾生から選ばれた十人が伏見で待ち

受ける。そして、大原重徳《しげとみ》ら革新派の公卿を擁して駕籠を京都に進め、勅を手に入れ、幕府の非を突き、改革を進めようというプランです。

ところが、自重論を捨て切れない塾生たちの多くは動かず、結局はこの計画も頓挫してしまいました。

獄中で孤立の色を深めた松陰は、藩に絶望し、「草莽崛起論《そうもうくっき》」を唱えます。草莽とは、身分が低いために政治に参加出来なかったり、官に就かず在野に埋もれたりしている人材のことです。

松陰が北山安世にあてた手紙に、

「那波列翁《ナポレオン》を起こしてフレーヘード（自由）を唱えねば、腹悶医《ふくもんいや》し難《がた》し（怒りが治まらぬ）」

と、怒りをぶちまけたのは、安政六年四月七日のことです。同じ手紙で松陰は、「草莽崛起の人」にしか、期待できないとも言っています。「草莽崛起の人」の出現を、松陰は待つつもりでした。

ところが、松陰の心境が変化します。自分こそが、「草莽崛起の人」なのだと自覚するようになるのです。自分で時代の勢いを作り出そうというのです。そのためには生きて出獄し、十年後、あるいは十五年後に「草莽崛起の人」となって死んでみせると、決意するに至りました。

至誠が通用しない場所

ところが、松陰に十五年もの時間は残されていませんでした。

安政六年（一八五九）四月二十日、大獄を推し進める幕府が長州藩に対し、松陰の身柄を差し出すよう、命じてきたのです。五月二十五日、松陰を乗せた駕籠は萩を発ち、江戸へと向かいます。

松陰の周囲は、間部老中襲撃計画が発覚したのかと心配しました。松陰も、覚悟を決めたようで、萩のはずれの涙松では小休止し、

「帰らじと思ひさだめし旅なればひとしほぬるる涙松かな」

と詠じています。これが、故郷萩の見納めとなると思ったのでしょう。

ところが、間部老中襲撃計画は幕府には知られていませんでした。

幕府が松陰にかけていた嫌疑は、次の二点です。

ひとつは、京都で捕らえられた梅田雲浜との関係を疑われたこと。いまひとつは、御所内で見つかった落とし文が、松陰の筆跡ではないかという疑いです。

ひと月後、江戸に到着した松陰は、ひとまず長州藩上屋敷に入りました。そして七月九

日、幕府の評定所《ひょうじょうしょ》に呼び出され、大目付久貝因幡守、勘定奉行兼町奉行池田播磨守、町奉行石谷因幡守ら三名によって取り調べを受けます。

二点の嫌疑はたちまち晴れ、松陰はかえって拍子抜けしたようです。

それから色々と尋ねられるうち、松陰は自分は死罪に相当する罪を二つ犯しているが、周囲の者に迷惑がかかるので明かさぬと口を滑らせてしまいます。

これを、奉行たちが見逃すはずはありません。「大した罪にはならぬ」との奉行の誘いに乗った松陰は、大原三位下向策と間部老中襲撃計画について自白してしまいます。

特に奉行は、後者の計画には興味を示し、じっくりと追及してきました。松陰は、あくまで間部老中を説得するつもりだとし、暗殺については否認します。しかし、すでに手遅れでした。松陰は「公儀を憚《はばか》らぬ不敬の者」として、伝馬町《てんまちょう》の獄に投じられます。伝馬町の獄は江戸最大の牢獄で、二千六百坪あまりの敷地を誇っていました。

それにしてもなぜ松陰は、すすんで自白したのでしょうか。

それはまず、松陰に自分の言動は「正義」なのだという、絶対の自信があったからです。遠路はるばる江戸まで来て、奉行の面前にいるのだから、自分の所信を幕府側に聞かせる好機会と考えたのでしょう。「至誠」をもってすれば、動かない相手はいないと信じていた、純粋な松陰らしい言動と言えます。

あるいは以前、アメリカ密航に失敗した際の取り調べで、松陰の国を憂う「至誠」が幕府側の心を動かしたといった経験が、油断につながったのかも知れません。そういう意味では、これまでの松陰は、周囲の人々に恵まれ過ぎていたのです。

しかしいま、松陰は「至誠」が通用しない場所に立たされてしまいました。

取り調べは九月五日、十月五日にも行われましたが、奉行の態度は穏やかでした。松陰自身は、処分は死罪でも遠島でもなく、他家預けか国元送りではないかと、楽観視するようになっていたほどです。

ところが十月十六日の最後の審理で、奉行の態度が一転して厳しくなりました。この間に、井伊大老の介入があったとも言われています。読み上げられた口書には、「公儀に対して不敬の至り」「御吟味を受け誤り入り奉り候」とあり、松陰は死罪を意識せざるをえませんでした。

志を残す

かつて高杉晋作は、松陰に対し、

「男児たるもの、どんな時に死ねばいいのでしょうか」

という質問を発したことがあります。

伝馬町の獄中で松陰は、その答を求め続け、そしてひとつの結論に達し、晋作に返事を書きました。これは、松陰が晋作に命をかけて残した、遺訓となります。

松陰はまず、

「死は好むべきにもあらず、また憎むべきにもあらず」

と言います。また、こうも言います。

「世に身、生きて心死する者あり。身亡《ほろ》びて魂存する者あり。心、死すれば生くるも益なきなり。魂、存すれば亡ぶも損なきなり」

肉体だけ生きていても、志がなければ意味がない。肉体が亡びても志が残っている者がいる。肉体の生死ではなく、志の有無の方が大切だと説くのです。

「死して不朽《ふきゅう》の見込みがあらば、いつでも死ぬべし。生きて大業の見込みあらば、いつまでも生くべし。僕の所見にては生死は度外におきて、ただ、言うべきを言うのみ」

松陰の言葉の、特に最後の部分が重要です。当初は老中襲撃計画も発覚していなかったのですから、松陰がもう少し世渡り上手であれば、いくらでも生きて萩に帰る手段はあったと思います。まして松陰は、いくつかの反幕的な計画を立案しただけで、実行には移してはいないのです。

しかし松陰は、「生死」を度外視し、幕府に対して「言うべきを言」って、志をこの世に残そうとします。もし、ここで松陰が適当な言い逃れを考え、上手く帰国できたとしても、その後、門下生たちを奮い起こすのは、困難だったに違いありません。自らの志の上で死んで見せることで、松陰の志は永遠になるのです。

親思ふこころにまさる親ごころ

死を決意した松陰は、門下生に対して『留魂録《りゅうこんろく》』と題した遺言書を執筆しました。この中でもまた、志を継いで欲しいと切に願っています。

松陰は人間の一生を四季にたとえます。それにより、わずか三十歳で死なねばならない自身の運命を、懸命に受け入れようとしているのでしょう。十歳で死ぬ者にも、二十歳や三十歳で死ぬ者にも、あるいは百歳で死ぬ者にも、それぞれ四季があるのだとし、次のように続けます。

「私は三十歳、四季はすでに備わっており、また花咲き実《み》は結んでいる。それが実のよく熟していないもみがらなのか成熟した米粒なのかは、私の知るところではない。もし同志のなかでこの私の心あるところを憐れんで、私の志を受け継いでくれる人があれば、それはまかれた種子が絶えないで、穀物が年から年へと実っていくのと変りはないことになろう。同志の人びとよ、どうかこのことをよく考えてほしい」（中央公論社版『日本の名著

31　吉田松陰』の現代語訳）

松陰が三十歳の人生で育てた実を、もみがらにするのも、米粒にするのも、門下生次第なのです。

そして松陰は、『留魂録』の冒頭に、こんな辞世を書きつけました。

「身はたとひ武蔵の野辺《のべ》に朽ちぬとも留め置かまし大和魂」

自分の肉体は、たとえ関東の地で滅んでしまっても、志だけはこの世に残すという、凄まじい決意です。

伝馬町獄処刑場跡（東京都中央区）

こうして松陰は、安政六年（一八五九）十月二十七日、伝馬町牢の処刑場に引き出され、斬首されました。享年三十。

なお、死を決意した松陰は、萩にいる杉家の家族にも遺言書を残していますが、その中には、こんな辞世を書きつけています。

「親思ふこころにまさる親ごころけふの音《おと》づれ何ときくらん」

自分が親を愛する以上に、親は自分を愛してくれる。今日、自分が処刑されたという知らせを、どんな気持ちで聞くのだろうか。

松陰の親は、不思議と言えば不思議な親でした。何度も縄を付けられて帰ってくる息子を、決して咎めたりはしなかった。それは松陰が信念をもって行動したのだから正しいと、認めていた。

学費を取らない松下村塾が運営できたのも、家族の全面的な協力があればこそです。では、松陰の家族は経済的に豊かなのかと言えば、そうではない。借家住まいの、農業をやって生計を立てている貧乏武家です。そんな暮らしの中からも、松陰の活動を懸命に支えてくれたのです。

死に直面した松陰の、親に対する思いが滲《にじ》み出たこの歌は、彼の人間性を伝えて余りあります。そして、松陰がなぜあれ程までに、人々の魂を揺さぶることができたのかという秘密のひとつを、ここに垣間見る思いがします。

第六章　残された者たち

「志」を継ぐ覚悟

江戸伝馬町《てんまちょう》獄で処刑された吉田松陰の遺骸は、安政六年（一八五九）十月二十九日、門下生桂小五郎・伊藤俊輔・尾寺新之丞・飯田正伯の手により、小塚原《こづかっぱら》回向院《えこういん》（現在の東京都荒川区）に埋められます。「重罪人」ですから、首と胴を継ぎ合わせることができず、しかも火付けや強盗と同じ場所に眠ることしか許されないという、屈辱的なものでした。

また、松陰の遺髪を埋めた墓が、没後百カ日の万延《まんえん》元年（一八六〇）二月七日、故郷である萩松本村の団子岩に建てられます。

現存するこの墓碑は自然石で、正面に、

「松陰二十一回猛士墓」

と刻まれています。

建立に尽力したのは、松陰の実家である杉家と門下生たちでした。

さらに注目すべきは、墓前の花立て、石灯籠、水入れに刻まれた門下生の名前でしょう。それは次のとおり。

「久保久清（松太郎）・岡部利済（富太郎）・増野乾（徳民）・佐世一誠（前原一誠）・福原利実・品川日孜（弥二郎）・久坂誠（玄瑞）・松浦無窮（亀太郎）・伊藤知卿（伝之輔）・入

江致（九一）・野村旨緩（靖）・中谷実之（正亮）・高杉春風（晋作）・有吉良朋（熊次郎）・天野一貫（渡辺蒿蔵）・作間昌昭（寺島忠三郎）・時山済（直八）」

当時、松陰の公式な評価は幕府に斬首された「国賊」です。決まりにより、父杉百合之助と兄梅太郎も連座し、免官、謹慎となったくらいです。あるいは、ある重臣などは日記に、松陰を早くから周囲が「軽率」に褒《ほ》めたから、こうなったのだとの非難めいた一文を記しています。

にもかかわらず、松陰に繋《つな》がる者として、こうしたかたちで自分の名前を堂々と公表するのは、かなりの勇気を必要としたはずです。

遺髪を葬った松陰墓（萩市）

これは、悲嘆に暮れながらも、師の残した志を継ごうとする門下生たちの、決意表明なのでしょう。

「桜田門外の変」と「坂下門外の変」

それから間もなく、時代は松陰の死を乗り越えて、大きく変動を始めます。

この年の三月三日、江戸城に登城しようとする大老井伊直弼《なおすけ》が、桜田門外で水戸浪士らに襲撃され、暗殺されるという事件が起こったのです。

いわゆる「桜田門外の変」です。

大老が、白昼堂々首級を取られたわけですから、幕府の権威失墜、世間に醜態をさらす結果になりました。

井伊の跡を継いだ老中の安藤信正は、公武（朝廷・幕府）合体路線を進めます。孝明《こうめい》天皇の妹和宮《かずのみや》を将軍家茂《いえもち》の嫁として迎え、朝廷の権威を借りて、幕威を立て直そうというのです。

この、幕府の申し出を、孝明天皇は当初拒否しました。

万延元年（一八六〇）当時、和宮は家茂と同じ十五歳ですが、関東は外国人が集まる土地として、恐れていたといいます。しかも、有栖川宮熾仁《ありすがわのみやたるひと》親王という、婚約者もいました。

しかし、和宮を嫁がせる条件として、幕府に攘夷実行を誓約させてはどうかとの意見があり、結局、孝明天皇はこの縁談に乗ります。孝明天皇はそれほどまでに、強く攘夷を望んでいたのです。

こうして文久二年（一八六二）二月、和宮は将軍家茂に降嫁《こうか》しました。

しかし安藤は、その年の一月十五日、登城途中の坂下門前で数名の浪士たちの襲撃を受け、負傷。いわゆる「坂下門外の変」が起こり、これが幕閣内で非難を呼んで、ついに安藤は四月になって、老中を辞任します。

その後、公武合体路線は影をひそめ、代わりに反幕的色彩の強い、尊王攘夷（尊攘）路線が台頭してくることになるのです。

中央政局に躍り出た長州藩

徳川幕府の役職は、すべて譜代大名で占められていて、外様大名はいくら有能でも、石高が高くても、中央の政局に関与することはできませんでした。ところが幕末になり、頻発する国内外のさまざまな問題に対処仕切れなくなった幕府は、みずからの手で、その「禁」を解かざるをえなくなります。

長州藩にも、関ヶ原で敗れて以来の「夢」だった「中央進出」のチャンスが巡ってきたというわけです。張り切った藩主毛利慶親が、その手土産として用意したのが、藩の直目付・長井雅楽《うた》が建言した「航海遠略策」でした。文久元年（一八六一）三月、「航海遠略策」は、長州藩の藩論として採用されます。

「航海遠略策」は安政の開国以来、混乱する政局を収めるため、朝廷と幕府の間を長州藩が周旋しようというものでした。

幕府が行った開国を既成事実として認め、朝廷の鎖国攘夷論を改めさせた上で、公武が一丸となって世界を制圧しようという壮大なスケールの「攘夷論」であり「開国論」でした。

長井は「知弁第一」と評された俊才です。公武周旋の君命を受けた長井は、「航海遠略策」を携え、京都や江戸に赴き、朝廷や幕府の要人たちを説いて回った。その結果、「航海遠略策」は朝廷・幕府の両方から、多くの支持を集めることに成功します。

幕府の開国を朝廷に認めさせるため、周旋を始めた長州藩。

これでは、「尊王攘夷」を唱えて死んでいった松陰の霊は浮かばれません。

残された門下生たちは松陰没後、その志を継ぎ、尊王攘夷の実現に燃えました。時には藩要人を激しい口調で説き、時には暗殺を企み、日夜、政治活動に奔走していました。

そして久坂や桂らは、水戸や薩摩藩の同志と江戸で会合を重ねた末、それぞれの藩主の参勤を中止させ、幕府に反旗を翻《ひるがえ》そうという計画を進めます。

そんな矢先に、「航海遠略策」が登場したのです。久坂らが激しい反対運動を起こしたことは、言うまでもありません。

動けない晋作

久坂玄瑞と並び、松陰門下の「竜虎」や「双璧」と称えられた高杉晋作（諱春風《いなみはるかぜ》・号東行《とうぎょう》）は、「航海遠略策」が登場したこの時期、他の同志たちと一線を画した、傍観者的な位置に立っています。

晋作は十六歳の安政元年（一八五四）二月、父小忠太（のち丹治《たんじ》）に従い、黒船騒動で揺れる江戸を訪れています。

この江戸行きが、以後の晋作の人生を決めたと言って過言ではありません。高圧的な態度で迫るペリーに屈した幕府が、日米和親条約に調印させられるのを間近で見ることになった晋作は、やはり、

「なんとかしなければ！」

と思い、当時出版されたばかりの、武士の役割を説いた星野常富著『武学拾粋《じゅうすい》』を読んだり、剣術の稽古に熱を入れたりします。

その後、萩に帰った晋作は、いまの社会の中で自分が一体何を成すべきなのかを考えながら、明倫館《めいりんかん》に通い続けました。進む方向がはっきり見えず、悶々とした日々を過ごしていたのだと思います。やがて松下村塾の門を潜り、吉田松陰の教えを受けながら、「志」が定まってゆく。それは日本の独立を護るために、「外圧」と戦うことでした。

松陰の死を知った晋作は、幕府への報復を考えたりもしますが、他の同志たちのように即行動は起こしませんでした。動きたくても、動けない、晋作なりの事情があったのです。というのも、晋作は戦国の昔から毛利家に仕える、名門・高杉家の一人息子でした。家格は、藩主の側近になる機会のある馬廻り（八組・大組）、家禄は二百石。そんな立場が、彼に足かせをはめ、動けなくしていたのです。

晋作に万が一のことがあれば、高杉家は取り潰しになる。父の小忠太は、つねに息子の暴走を抑《おさ》えようと躍起になっていました。

小忠太という人物は、小納戸役や奥番頭《おくばんがしら》役といった役職に就いたり、藩主世子（跡継ぎ）の教育係を任されたりと、藩の中枢で改革に携わってきた能吏です。しかし、父親として息子の晋作に望んだのは茨の道を歩くことではなく、平凡な人生でした。

晋作も、父の気持ちを痛いほど理解していました。「暴れ牛」と呼ばれた晋作ですが、終生、藩主と両親には頭が上がりませんでした。

儒教を道徳とする江戸時代の武士が最も大切にしたのは、君に対する「忠義」と、親に対する「孝行」。それだけに晋作は、父の意に逆らい、「不孝者」にはなれなかったのです。「ずるい奴だ」「馬鹿だ」と、同志たちの間で、晋作に対する心ない非難が集まったようです。すると晋作は、久坂らに弁明の手紙を書いています。

「僕、一つの愚父を持ちおり候。日夜、僕を呼びつけ俗論《ぞくろん》（つまらぬ考え）を申し聞かせ候。僕も俗論とは相《あい》考え候えども、父の事ゆえ、いかんとも致し方ござなく候。恥じつ、憂えつこれ迄諸君と御交わり申し上げ候」

万延元年（一八六〇）一月、晋作は両親の勧めに従い、結婚をします。相手は「萩城下一の美人」との名声があった、藩士井上平右衛門の次女・マサ（政子・雅子などとも書く）でした。

晋作二十二歳、マサ十六歳。

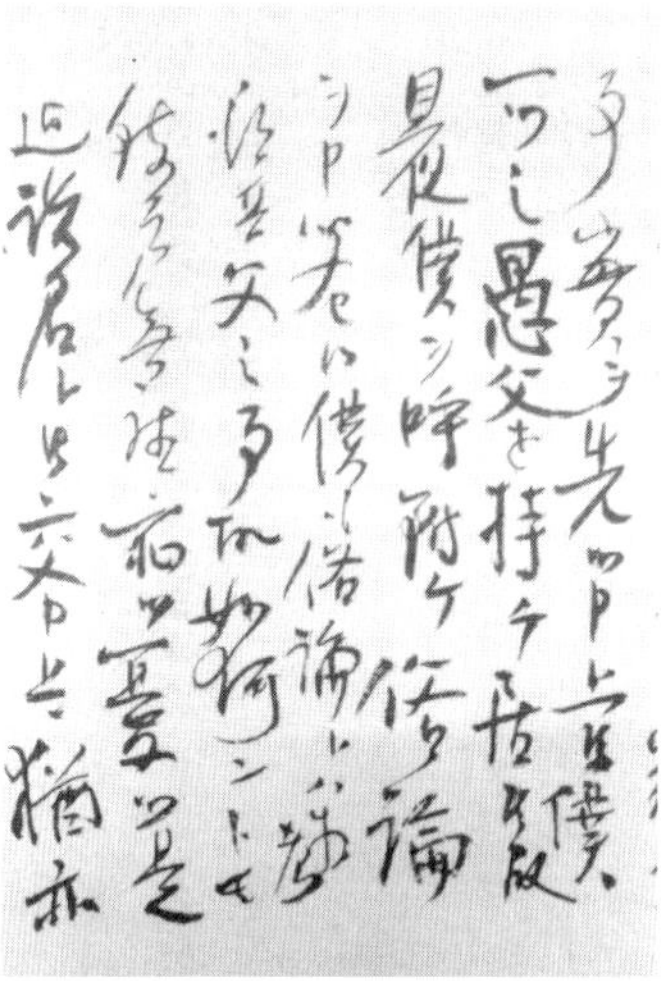

久坂らに動けない理由を説いた
晋作の手紙（『勤王諸士遺墨帖』）

晋作の両親としては、家庭を持たせれば、落ち着いてくれるだろうと考えたようです。晋作も子孫を残す義務を考えたのか、まんざらでもなかったのか、親の決めた縁談におとなしく従っています。

さらに翌文久元年（一八六一）三月、晋作は藩主世子の毛利定広《さだひろ》（のち広封《ひろあつ》・元徳《もとのり》）の小姓役として藩に出仕します。小姓役とは、主君の最も身近で仕える秘書のような役。晋作はエリート藩士として、まずは順調なスタートを切ったと言えます。

両親としては、心配の種だった息子が結婚をして、勤めに出てくれたのですから、ひと安心といったところでしょう。

上海へ渡航

しかし、そんな晋作に転機が訪れます。

文久二年（一八六二）、二十四歳の晋作は、幕府派遣の一団に加わり、清朝中国の上海《シャンハイ》に渡航、視察したのです。

かつて晋作は、

「翼《よく》あれば千里の外も飛びめぐりよろづの国を見んとぞおもふ」

と、詠じたことがあります。松陰と同じく、世界の情勢を自分の目で確かめたいという気持ちは、人一倍強いものがありました。

幕府がこの視察団を送ることになったのは、上海に貿易の拠点を置くためです。日本と中国の間に正式な国交はありません。そこで幕府は、両国と国交を持つオランダを介し、上海で出貿易を行おうとしたのです。石炭や海産物、工芸品など日本の貨物を、オランダ商品として中国側に売り捌こうという案でした。

長州藩は、「外国の事情形勢、なお制度、器械等」を視察せよと、幕府の上海視察団に、晋作を参加させます。同様に佐賀藩や高須藩・徳島藩・浜松藩などからも参加者がありました。一行は水夫も含め五十一名。長崎から千歳丸《せんざいまる》という帆船に乗り組み、一路上海を目指します。

この年を、中国の年号で言えば同治元年。六歳の穆宗《ぼくそう》帝に代わり、その母である西太后が実権を握っていた時代です。

五月六日、上海に到着した晋作ら一行を驚かせた光景は、港に碇泊するヨーロッパ諸国の商船・軍艦「数千隻」であり、陸上に並ぶ諸国商館の、「千尺」にも及ぶ「城閣」のような白壁でした。

この時から、二十年前の西暦一八四二年八月のこと。アヘン戦争でイギリスに敗れた中国は、「南京条約」に調印させられました。この条約により中国側は、上海をはじめ広州・福州・厦門《アモイ》・寧波《ニンポー》の五港を開かされます。さらにイギリスは、これらの五港に領事館を置き、貿易の主導権を奪いました。これにフランスやアメリカが続きます。

晋作たちが、千歳丸の甲板上から最初に見た上海の光景は、こうした西洋列強が作った「租界」のもとで発展した、新しい上海の姿だったのです。

さらに翌朝は、上海の町に小銃の銃声が轟いて、夜が明けました。

「これは、長髪賊（太平天国の乱）と支那人が戦う音だろう」

と言う者がおり、晋作は事実なら実戦が見物できると、喜びます。

アヘン戦争後、腐敗する清朝の打倒を目指し、多くの農民も参加した「太平天国の乱」が起こったのは、一八五一年から六四年にかけてのことです。

ところが、衰退した清朝は、自力で内乱を鎮圧することができない。

そこで、イギリスやフランスの軍勢に助力を頼みます。こうなると、内政干渉の口実を、中国側自らが与えているようなもの。まさにこの時期の中国は、内憂外患の危機にあったのです。

上海視察の衝撃

千歳丸が錨を下ろした上海港の光景は、確かに華やかで活気に満ち溢れていました。しかし、これは外国人たちが作り出した表の「顔」に過ぎません。

市街を歩き回るうち、晋作はいくつもの裏の「顔」を発見することになります。

晋作の上海日記である『遊清五録《ゆうしんごろく》』の欄外に、上海到着後間もなく記したと思われる、こんなメモがある。

「支那人は外国人の役《えき》（使役）する所となるは、憐《あわ》れむべし。我が邦、ついにかくの如からざるを得ず、務《つと》めてこれを防がんことを祈る」

現地の中国人たちは、外国人に奴隷のごとく、こき使われていたのです。

外国人たちが豊かになればなる程、現地人たちは貧しくなる。それが、当時の西洋列強のアジアに対するやり方です。そして、日本でも同じことが起こりはしないかと、晋作は早くも危機感を募らせるのでした。

さらに晋作の日記、五月十三日の条には、蘇州河にかかる「新大橋」につき、こんな観察が記されています。

「英館（イギリス領事館）を去る十五、六間ばかりにして橋あり、新大橋と名づく。今を去る七年前、古橋朽崩するも支那人再建するあたわず。よって英人この橋を建て、支那人通行するごとに一銭を英人に貢《こう》すという」

晋作が見た「新大橋」は、日記にもあるとおりイギリス人が架けた橋です。イギリス人専用の公園に通じていたので、「ガーデン・ブリッジ」の名がありました。

ところが、上海に架かる橋なのに、中国人は渡る際、イギリス側に通橋料を支払わなければならない。イギリス人はもちろん無料で渡っている。イギリスにすれば、自分たちが建設費用を出したのだから、当たり前なのでしょうが、それにしても中国人にしてみれ

現在のガーデン・ブリッジ

これを見た晋作は、
「実に慨嘆《がいたん》に堪えない」

ば、屈辱的な話です。

晋作が訪れた時のガーデン・ブリッジは木製でしたが、現代では鉄製の二代目が架かっています。そして、上海では「外白渡橋」と呼ばれています。「外」は外国人、「白」は無料の意味。中国では、いまもその屈辱の歴史を忘れまいとしているのです。それ程、深い恨みが残った橋でした。

またあるいは、晋作の日記六月七日の条には、中国人街の孔子廟（文廟）を訪れたという記述があります。

その頃、上海の孔子廟は、孔子像を他所へ移し、太平天国軍鎮圧のためのイギリス軍陣営として使用させていました。イギリス兵たちはここで銃を枕に昼寝をしていたそうです。

と、憤っています。

江戸時代の武士にとり、最も大切だったのは儒教です。学問も道徳も、儒教が基本でした。だから、儒教の始祖である孔子を祭る孔子廟（聖廟）は、幕府の昌平坂学問所（昌平黌《こう》）をはじめ各地の藩校に設けられ、最も神聖な場所として崇められていたのです。

このように日本の武士たちが、ある意味で神仏以上の存在として崇めてきた孔子。明倫館の孔子廟の世話係を務めたこともある晋作にしても、儒教の本家本元である中国では、どのように祭っているのか、興味があったのだと思います。

ところが、実際上海の孔子廟を訪れてみると、イギリス兵が汚している。やはりこれは武士にとり、計り知れない程、衝撃的な光景だったことでしょう。

戦いに敗れるということは、自国の文化や歴史までもが、平然と土足で踏みにじられてしまうのだという現実を、まざまざと目の前で見せつけられたわけです。

古くから日本の知識人たちにとり、中国は憧れの国でした。漢字にせよ、儒教にせよ、日本はあらゆる文化を中国から輸入してきたからです。

ところが、そんな誇り高き中国の姿は、どこにも見当たらない。

晋作は、激しい憤りを感じます。

西洋列強に対してはもちろんですが、これに抵抗する術を知らない、中国人に対してもです。

そして、このまま弱腰外交の幕府に任せていては、

「我が日本もすでに（上海の）覆轍《ふくてつ》を踏むの兆《きざ》しあり」

と、痛感する。「覆轍」とは、前人の過ちを繰り返すという意味です。これが、晋作が上海視察で達した結論でした。

晋作ら一行は、二カ月にわたる上海滞在を終え、帰途につきます。長崎に帰着したのは、七月十四日でした。

蒸気船購入を独断契約

上海行きの一団に、水夫として乗り込んでいた、薩摩藩士五代才助《ごだいさいすけ》（友厚）という男がいました。上海を訪れるのはこれで二度目という、かなりの西洋事情通です。

晋作と意気投合した五代は、「蒸気船」を手に入れた薩摩藩が、上海あたりで世界を相手に密貿易を開始したと話します。さらに将来的には、薩摩から西洋に渡る航路を開く計画もあるのだと、打ち明けました。

五代の話を聞いた晋作は、焦ります。

なぜなら当時、長州藩は時代遅れの帆船軍艦を二隻所有していたに過ぎなかったからで

す。この程度の軍備では、もし、西洋列強の攻撃を受けた時には、ひとたまりもありません。もちろん世界に乗り出してゆくなど、夢のまた夢。

弱者と見れば襲いかかる、西洋列強の外圧を撥《は》ね付けるためには、強靭な軍事力を保有するしかないという現実を、晋作はまざまざと上海で見せつけられたのです。

「なんとかしなければ！」

またもや、晋作は奮い立ちます。

そして、長崎に帰着した途端、晋作はオランダが売りに出していた蒸気船を、長州藩が購入するとの契約を、なんと独断で結んでしまうのです。

しかし、晋作の危機感は、藩の首脳部には伝わりませんでした。そんな大金は払えないと、一蹴されます。残ったのは、晋作の独断に対する非難の声だけ。結局、長州藩の態度を見たオランダ側も手を引き、この商談は破談に終わります。

それから晋作は京都に上り、藩主父子に上海視察の報告を済ませ、さらに江戸へと出ました。実は晋作が留守の間に、長州藩では「航海遠略策」を唱えた長井雅楽が失脚し、大きな方向転換が行われようとしていました。

「航海遠略策」に朝廷を誹謗した箇所があると、久坂たちが朝廷関係者を通じ、非難の声を巻き起こした結果です。さらに長井は、文久三年（一八六三）二月六日、萩で切腹して果てました。四十五歳でした。

そして、「航海遠略策」を破棄した長州藩は文久二年七月、藩論を今度は天皇の意思を重視した「奏勅攘夷」で一本化します。さらには長州藩に促されるかたちで、朝廷も「攘夷」の方針を打ち出しました。

「乱民」呼ばわりされ、死んでいった松陰の「志」が、いよいよ長州藩の方針になったのです。没後、すでに三年近くの歳月が流れていました。

長州藩内を尊王攘夷で一本化するため、久坂は松陰という「殉教者」を、精神的シンボルとして祭り上げる提案をします。

しかし、いくらなんでも、シンボルが罪人のままではよろしくない。そこで長州藩は朝廷を通じ、幕府から大赦令を引き出しました。そして松陰の遺骸を小塚原から掘り出し、若林の毛利家所有地（現在の東京都世田谷区松陰神社）に改葬します。

それから、断絶していた吉田家の再興を認め、藩校明倫館では松陰の著作を教科書として使用するようになりました。

こうして松陰は、「国賊」から一転、長州藩を代表する「志士」として評価されるようになります。

ついに行動の人になる

上海を見た晋作は、松陰が命懸けで何を伝えようとしたのかを、身をもって知ることになりました。そして、その危機感は、ついに晋作を突き動かし、「行動の人」へと変身させるのです。

帰国後間もない文久二年（一八六二）閏《うるう》八月二十七日、晋作は次のような手紙を、父小忠太にあてて書いています。

「私儀、このたび国事切迫につき、余儀なく亡命つかまつり候。御両人様へ御孝行つかまつり得ざるの段、幾重《いくえ》にも恐れ入り奉り候」

国の大事が迫っているので、やむを得ず脱藩します、今後はご両親様に孝行できませんが許して下さい、という意味です。結局、この脱藩は不発に終わるのですが、こうした手紙をわざわざ書いてから行動を起こすところが、晋作らしい。

武士は子供の頃から、天下国家に対して責任を持たねばならぬと教えられ、育ちます。そして、上海で抱いた「危機感」は、父を振り切り、危地に飛び込む覚悟を晋作に固めさせたのです。父の意に逆らい、「不孝者」になるのは、人一倍孝行心が強い晋作にとり、厳しい選択だったでしょう。

江戸で晋作は、長州藩の同志たちに、上海から持ち帰った「危機感」を伝えます。それまで、過激な活動を傍観していた晋作が、途端にその先頭に躍り出たのです。周囲もさぞ驚いたことでしょう。

まず十一月に、十余名の同志を得、神奈川で外国公使暗殺を企みます。しかしこの計画は未然に発覚し、中止せざるをえなくなりました。

続いて十二月十二日深夜、幕府が品川御殿山《ごてんやま》に建設中だったイギリス公使館に忍び込み、これを全焼させます。ただし犯人は判明せず、晋作らは捕らえられませんでした。

諸資料によりますと、この焼き打ちに参加したのは晋作の他、久坂玄瑞・志道聞多《しじぶんた》（井上馨《かおる》）・有吉熊次郎・大和弥八郎・長嶺（渡辺）内蔵太《くらた》・寺島忠三郎・伊藤俊輔（博文）・白井小助・赤禰武人・堀真五郎・福原乙之進・山尾庸三《ようぞう》。

ちなみに、明治になり井上や伊藤は、若き日の「武勇伝」として、焼き打ち事件を自慢して回ります。しかし考えてみれば、若いころ、公使館に放火した者が、大臣をやっているのですから、明治日本も西洋人たちにとっては、さぞ「野蛮国」に見えたでしょう。

晋作たちが、このようなテロ事件を起こした狙いのひとつは、長州藩の信用回復にありました。開国から攘夷へ、一八〇度の方針転換を行った長州藩は、かえって世間の物笑いの種となっていましたから、ともかく実行して見せることに意味があったのです。

さらに、日和見《ひよりみ》的態度を続けている幕府も、公使館が焼ければ、否応なしに攘夷の決意を固めざるをえなくなるはずです。

しかし、現実はそんなに上手くは運ばなかった。その理由は、端的に言えば、こうした個人規模のテロで揺さぶりをかけ、政局を動かすような時代は終わっていたのです。すでに朝廷や幕府、それに諸藩という大きな単位で、歴史は動き出していました。半年後に長州藩は、西洋列強に戦いを挑むことになります。

ただし、テロ再発を恐れるイギリスは、二度と御殿山に公使館を建てたいとは言いませんでした。朝廷から御殿山の使用を認めてはならぬと、やかましく言われていた幕府も、内心ほっとしたのか、犯人探しにあまり熱心ではなかったようです。上野と並ぶ桜の名所だった御殿山を、外国に奪われずに済んだ江戸っ子たちを喜ばせたのは確かでしょう。

そして、将軍の上洛が決まるや、政治の中心は江戸から天皇のいる京都へと移ろうとしていました。晋作も他の同志たちと同じく、京都へ上ります。

長州藩の絶頂

「奏勅攘夷」をスローガンにして時代の寵児《ちょうじ》となり、快進撃を続けた長州藩は、文久三年（一八六三）に入って絶頂期を迎えます。

勅使から攘夷を督促されていた将軍徳川家茂は、この年三月四日に上洛します。将軍上洛は、三代家光以来、実に二百年ぶりのことでした。その背景には、これを機に朝廷の権威を確立させ、幕府を追い詰めようと企む、長州藩の思惑が存在していたことは言うまでもありません。

久坂玄瑞や桂小五郎ら長州藩士たちは、公私共に毎晩のように京都の町で派手に遊びまくり、湯水のごとく金銭を使い、政治活動に奔走します。遊び方が粋で、金払いもいいので、京都の庶民の間でも、長州人気は上々だったといいます。

三月十一日、孝明天皇は攘夷祈願のため、上賀茂神社・下鴨神社に行幸《ぎょうこう》しました。これに家茂も供奉《ぐぶ》させられます。沿道には無数の見物人が押し寄せたので、将軍の上には、天皇がいるのだという力関係を、庶民にまで理解させるデモンストレーションにもなりました。さらに四月十一日には、攘夷祈願のための石清水《いわしみず》行幸も実現します。

家茂上洛の真の目的は、朝廷から大名に対し、直接命令を発するのをやめるよう申し入れることにありました。しかしこの申し入れは、呆気なく朝廷側から斥けられます。

それどころか京都は、家茂が攘夷を拒否できる雰囲気ではありません。

追い詰められた家茂は、「五月十日」をもって攘夷を断行すると、四月二十日、孝明天皇の前で約束させられてしまうのです。すでに、西洋列強との間に、開国の条約を結んでいるにもかかわらずです。このままゆけば、幕府が窮地に立たされるのは必至でした。

剃髪して萩に帰る

ところが晋作は、こうした長州藩のやり方を批判的に見ていました。攘夷を本気でやる気なら、政治の駆け引きよりも、一刻も早く帰国して藩地に立て籠もり、富国強兵をすすめて外圧を撥ね付けるだけの実力を蓄えるべきだというのが、晋作の持論です。

至極当たり前の主張のようですが、藩という巨大な組織は、そんな純粋な考えでは動いてくれません。

長州藩としてはまず、攘夷の大義名分が欲しい。それによって、勅許無しの開国を行った幕府を苦境に追い込みたい。さらには朝廷と近づくことで、中央政局における毛利家の発言力を大きなものにしたい。

そのためには、政治活動に莫大な費用を惜しみなく投じます。

晋作が攘夷断行には絶対不可欠と考える「蒸気船」を長州藩が買わない、あるいは買えない理由は、政治活動に金がかかり過ぎるからです。これでは、晋作にすれば、まさに本末転倒。この点ひとつ見ても、同じ「攘夷」でありながら、藩と晋作では考えが大きく食い違っていたことが分かります。

さらに晋作にとり腹立たしいのは、蟻が砂糖に群がるように、「勤王」だの、「攘夷」だのと唱え、いっぱしの「志士」を気取る連中が各地から京都に集まってきて、長州藩にお追従《ついしょう》することです。

こんな売名目的の連中は、いざという時、何の役にも立たないことは、明らかでした。晋作は、藩首脳部の宍戸九郎兵衛《ししどくろべえ》に手紙を書き、浮ついた長州藩の態度を、次のように痛烈に非難しています。

「自分の名を他国人などに知られたきため、言わいでもよき事（言わなくてもいい事）も馳せ廻り、虚言を吐き散らし、勤王の志ある事を知られたきがため、往《い》かいでもよき（行かなくてもいい）公卿方へ陪臣の身分も忘れてまかり出て、議論など申し上げ候事、実に悪《にく》むべき事にござ候」

しかし、またもや長州藩は、晋作の声に耳を傾けようとはしません。それどころか藩は晋作を、他藩士との交渉役である「学習院用掛」という、花形のポジションに就け、京都における活動の先頭に立たせようとします。

ここに至り晋作は、藩という組織から飛び出す覚悟を固めました。「忠義の臣」であることを、最も心掛けてきた晋作です。藩を軽んじる気持ちは毛頭ありません。それとは全然別のところで、組織から離れて、自由の身にならなければ、本当の「忠義」は実行できないと気づいたのです。

三月十五日、突如、晋作は藩に十年の暇を申し出ました。さらに十六日には、剃髪して「東行」と号します。

「西へ行く人をしたひて東行くわが心をば神や知るらん」

この時、晋作が胸中を詠んだ歌です。「西へ行く人」とは、武士を捨て、歌人となった西行《さいぎょう》法師のこと。この時期の晋作は、世捨て人のようなニヒルな生き方に、憧れていたのでしょう。

しかし、西行を慕いつつも、自分は「東」に「行」くと言います。東とは江戸。いずれは幕府相手に戦いに行くぞという、凄まじい決意を込めた歌なのです。

周布政之助という「狂者」

頭を丸めた晋作は、よほど頭に血が上っていたのでしょう。上洛中の将軍家茂を暗殺してやると息巻きます。そして晋作は、藩の重臣周布政之助《すふまさのすけ》を訪ね、将軍暗殺のため、よく切れる刀を貸してくれるよう頼みました。周布は以前から、晋作や久坂ら若者の信望を集めていた人物です。

晋作から計画を聞いた周布は、奥の間から一太刀を提《さ》げてきました。

晋作は喜びます。しかし、よく見ると、刀装の金具には毛利家の紋である「一に三ツ星」が入っていた。藩主からの拝領品だったのです。晋作が驚いていると、周布はヤスリを取り出し、紋の部分をゴシゴシと削ってしまった。そして、

「予もまた、面を覆《おお》うて諸君の跡を継いでたつこともあろう」

と言い、太刀を与えます。さすがの晋作も、豪胆な周布の態度に、度肝を抜かれてしまったようです。かえって冷静さを取り戻したのか、晋作は将軍暗殺を実行には移しませんでした。

周布四十一歳。晋作二十五歳。「人間五十年」の時代の四十一歳は、決して若くはありません。

周布は破天荒な晋作を御《ぎょ》せる唯一の上司でした。それは周布自身が、破天荒な人物だったからに他なりません。

同じ頃、晋作が久坂らと共に建白書を携え、妓楼で遊ぶ最中の周布を訪ね、意見を求めたことがあります。芸妓をはべらせ酒を飲んでいた周布は、晋作から渡された建白書を見もせず、懐にねじ込んで、「翌朝来い」と言いました。それから周布は酒を薦めますが、晋作らは断り、憤然とその場を去ります。

ところが翌朝、不満顔の晋作らが周布を訪ねてみると、前夜の建白書にはたくさんの付箋が張られ、意見がびっしり書き込まれている。

今度は周布の酒を受け、晋作らは喜んで帰ってゆきました。

晋作たち若者の後ろ姿を見送りながら、周布は目に涙をいっぱい溜めていたそうです。傍らにいた者がその理由を訪ねると、周布はこうつぶやいたといいます。

「感心な奴らだが、とても命がもつまい……」

晋作の中に、自分と同じ臭いを感じていたのでしょう。

周布政之助

周布は村田清風《せいふう》の後継者として、二度にわたる「改革」を主導し、倹約、借金の利引き下げ、借金返済延期、軍制改革、人材登用、農村改革等、次々と断行していった能吏です。それだけに、時には「悪魔」と罵られ、恐れられたこともありました。

万延元年（一八六〇）には周防大島《すおうおおしま》で大一揆が起こりました。周布らが進めた、農民から生産品を藩が安く買い上げる政策に対する反発からです。農民たちは、この一揆を「悪魔払い」と呼んでいます。

あるいは、藩の規制を破り、豪勢な

結婚式を催した豪農の屋敷を、周布が焼き払ったという恐ろしい話も残ります。激動の時代が生んだ指導者といえるでしょう。

さらに周布の強烈な個性は、他藩とのトラブルをも引き起こしています。酒に酔って土佐藩士の面前で、土佐藩前藩主山内容堂《ようどう》を誹謗《ひぼう》し、あわや斬り殺されかかったこともあります。長州藩は表向きでは処分したことにし、「麻田公輔《あさだこうすけ》」と変名させて、続けて藩政に参加させました。よほど必要な「人材」と認められていたのでしょう。

孔子は表面上、「人格者」と呼ばれる人よりも、「狂者」や「狷《けん》者」と呼ばれる人に期待すると説きました。周布はまさに、自分が信じた道を突き進む、狂者でした。

いや、改革を断行するために、周布は狂者を装っていたのです。表面は狂っているように見せかけ、実は心の中は醒めている「佯狂《ようきょう》」でした。

第七章　世界を敵にして

隠棲の日々

「志」を貫くため、剃髪し、すべての名利を放り出して捨て身になるというのは、実に松陰的な生き方です。吉田松陰は「猛挙」と呼びましたが、高杉晋作は「狂挙」と呼びました。

晋作はそれを自分が実行した時、共鳴し、従ってくる者が現れるのではないかという期待を、ひそかに抱いていたのではないかと思います。

しかし、誰も従ってはくれなかった。まだ、「機」が熟していなかったのでしょう。

京都を去るにあたり晋作が詠じた、

「吾去れば人も去るかと思いきに人々ぞなき人の世の中」

の一首が、晋作の歯痒い思いを表しています。

文久三年（一八六三）四月十日、萩に帰った晋作は、松本村に小さな家を借り、妻マサと共に生活を始めます。ここは松陰の生誕地や墓所、松下村塾《しょうかそんじゅく》にも近く、晋作としても思い入れの深い地だったのです。

晋作が松本村から久坂玄瑞と寺島忠三郎《ちゅうざぶろう》にあてた四月二十五日付の手紙には、

「先師（松陰）の遺玉《いぎょく》（遺稿）読み、過ごし候。頭毛の伸びるまで、勉強つかまつり候落ち着きにござ候」

とあり、謙虚な気持ちで日々生活していた様子がうかがえます。

ところが、あまり大人しくもしていられなくなってきました。将軍家茂《いえもち》が攘夷期限として定めた「五月十日」がやってきたのです。

この日から長州藩は、本州最西端、下関（馬関《ばかん》・赤間関《あかまがせき》）の沿岸に築いた砲台より、眼前の関門海峡を通航する外国艦を片っ端から砲撃してゆきます。

晋作は友人の久保清太郎に手紙を書き、刃渡り「二尺五寸以上」の長刀を買っておいて欲しいと依頼しています。時代の流れに背きながらも、自分の出番がめぐってくるのを、ひそかに待っていたのでしょう。

奇兵隊結成

歴史が再び晋作を必要とするのに、あまり時間はかかりませんでした。

攘夷期限の五月十日がやってくると、長州藩はアメリカの商船に、続いてフランスとオランダの軍艦に関門海峡で砲火を浴びせかけ、気炎を上げます。

ところが六月になると、戦況は大きく変化しました。

海峡に襲来したアメリカやフランスの軍艦が反撃に出、長州藩の軍勢は呆気なく敗走してしまうのです。戦国時代さながらの甲冑に身を固めた武士たちは逃げ惑います。フランス兵は上陸して前田村を占領した後、焼き払って去りました。やはり晋作が口を酸っぱくして主張し続けたとおり、当時の長州藩の軍備では、とても太刀打ちできる相手ではありません。

こうなると、「攻」から「守」へ、長州藩は方針の一大転換を迫られます。

下関でのぶざまな負け戦の知らせを、山口の居館で聞いた藩主毛利慶親・定広父子は憤激します。この時、藩主の脳裏に浮かんだのは、世捨て人を決め込む晋作の存在でした。二十五歳の晋作は上海帰りの新知識の持ち主であり、何よりも「人材」として期待をかけ、育ててきたのです。

藩主はただちに晋作を呼び出し、下関防御について、何か対策はないかと尋ねました。すると晋作は、こんなふうに即答したといいます。

「馬関（下関）の事をもって、臣（私）に任ぜよ。臣一策あり。請《こ》う、有志の士を募《つの》り、一隊を創立し、名づけて奇兵隊と云わん」

晋作の説明によると、「奇兵隊」とは、こんな軍隊でした。

「いわゆる正兵者は惣奉行の兵なり。これに対して奇兵とせんと」

つまり、馬関惣奉行配下の「正兵」に対する「奇兵」なのです。物事には「正」と「奇」があります。戦いで言うなら、正攻法と奇襲というところでしょう。この二つの戦術を上手に使い分ける呼吸を知る者のみが、勝ちを制することになると、晋作は説くのです。

下関市みもすそ川公園から見た関門海峡

神出鬼没のゲリラ軍である奇兵隊の計画を聞いた藩主は大いに喜び、その場で晋作に下関防御を一任します。こうして晋作に許されていた十年の暇は、たった二カ月ほどで反故になってしまいました。

晋作はただちに下関に飛び、六月六日深夜、竹崎で「小倉屋」を営む白石正一郎という商人の屋敷に入り、奇兵隊を結成します。

白石は弟の廉作《れんさく》と共に、会計方として入隊しました。白石は国学を学んだこともある教養人で、長州の支藩の中では一番小さい清末《きよすえ》藩（一万石）の御用商人でした。よく小説で描かれるような、スポンサーとか、豪商といった規模ではありません。

下関で莫大な利益を生む北前船交易にも参加する権利のない白石は、できる限りアンテナを張り巡らせ、ビジネスチャンスを獲得するしか生きる道はありませんでした。よって、社会情勢についても、人一倍敏感だったのです。

しかし、白石は政治的立場が弱いため、これまでも随分、煮え湯を飲まされてきました。せっかく開拓した薩摩藩との交易ルートも、萩の本藩の御用商人に取り上げられてしまいます。

晋作は、こうした白石の苦しみを理解したのでしょう。奇兵隊結成に協力してくれた白石を、萩の本藩直属にするため周旋してやります。その結果、七月五日に白石は、三十人通という藩士として登用されるのです。支藩の御用商人が、破格の大栄達でした。

奇兵隊は有志の集まり

下関で奇兵隊の隊士募集が始まりました。

晋作は奇兵隊の入隊基準を、「志」の有無に求めます。そのためには、身分という垣根を取り外さねばなりませんでした。

奇兵隊結成直後の文久三年（一八六三）六月八日、晋作は藩政府の首脳である前田孫右衛門にあてた手紙で、

「有志者は軽卒（中間など）以下に多くござ候。この一事にて万端《ばんたん》御推察下さるべく候」と知らせています。晋作はもちろん武士ですから、武士が国を護るものだという考えが基本にあったことは確かでしょう。

しかし晋作は、明日もまた戦争が始まるかもしれないという緊急時になってなお、多くの武士が「戦力」として使い物にならない現実も知っていました。だから、「軽卒」と呼ばれた下級武士や、ついには庶民の力を借りねばならなかったのです。

庶民は庶民で外国艦の砲撃を受け、逃げ惑う武士たちのぶざまな様子を目の当たりにしています。

約二年前の文久元年二月、ロシア軍艦が対馬を半植民地にすべく、占領した事件がありました。そんな情報も伝わっていましたから、三方が海に囲まれた長州藩の庶民は、自分たちの身は自分たちで護らねばならぬと痛感せねばなりませんでした。そして、実際外国艦の砲撃を体験することで、

「なんとかしなければ！」

という意識が、庶民の間にも芽生え始めるのです。

当時、武士階級とは全人口の数パーセントに満たない。このころ長州藩では、農民を兵士とすることを検討していた様子が、史料からうかがえます。そこで、晋作は残りの九十

パーセント以上の人々に動員をかけたのです。

この時から三十年ほど前、長州藩では十数万人の農民が蜂起した「天保《てんぽう》の大一揆」が起こっています。だから藩側は、庶民パワーの凄まじさを知っていました。かつては内に向けられたパワーを、外敵に向けて利用しようというのが、奇兵隊なのです。

こうして奇兵隊には、藩内各地から多くの若者が集まってきました。人数も最も多い時には、五百人を数えます。その結果、武士五十パーセント、農民四十パーセント、その他十パーセントから構成される、当時としては画期的な軍隊へと成長してゆくのです。

奇兵隊結成後、藩内各地では雨後の竹の子のように、遊撃隊（軍）、御楯隊、八幡隊など、似たような性格を持つ軍隊が次々と結成されてゆきます。あるいは僧侶の金剛隊、商人の朝市隊など、同業者が集まって軍隊を結成するケースも出てきます。

その数は幕末の数年間で、のべ四百を数えたといいます。これらは「諸隊」と呼ばれました。攘夷のために生まれた奇兵隊はじめ諸隊は、やがて長州藩の方針が討幕へと移ると、今度はその最前線で戦い、歴史に大きな軌跡を残してゆくのです。

英国秘密留学生

この時期の長州藩政を主導していたのは周布政之助ですが、彼の言に、

「攘排也《じょうはいなり》、排開也《はいかいなり》、攘夷而後《じょういしかしてのち》、国可開《くにをひらくべし》」
というのがあります。攘夷を行った後に国を開くという意味です。
日本で唯一、過激な攘夷運動を進める長州藩が本当に目指していたのは、開国でした。「攘夷」とは、儒教の中華思想に由来します。外夷を打ち払い、入国を許さないという鎖国論です。

ところが長州藩の首脳部が考える攘夷とは、「表」もあれば「裏」もある。排他主義一辺倒の攘夷論ではありません。

西洋列強の外圧に対し、攘夷というスローガンをもって激しく抵抗する。そうして国威を示し、天皇を納得させた後で、対等な立場に立って開国をやり直す。

一見、勢いにまかせて暴走するだけに見える長州藩は、実はこうした壮大なビジョンのもとに進んでいたのです。狂者を装いながら、心は醒めている「佯狂《ようきょう》」なのです。

そして周布は、攘夷の次にくる開国の時代に対応する準備も、怠りませんでした。

いざ開国した時、西洋列強のことが何も分からないようでは、よろしくない。だから、ひと足先に欧米の新知識を吸収するため、留学生を送り込むのです。佐久間象山《しょうざん》が言った、「西洋の芸術」の輸入です。

周布は信頼の置ける横浜の商人をひそかに呼び出し、

「長州は、ひとつの器械を求めたいと思っている。その器械というのは、人の器械である」

と切り出し、イギリス・ロンドンに秘密留学生を送りたいとの希望を打ち明けて、協力を求めます。

その結果、留学生として野村弥吉（井上勝）・山尾庸三《ようぞう》・井上聞多《ぶんた》（馨《かおる》）・伊藤俊輔《しゅんすけ》（博文《ひろぶみ》）・遠藤謹輔《きんすけ》という五人の青年が選ばれました。

リーダー格は井上聞多。英語が多少話せるのは、野村だけでした。携えていたのは、前年暮、幕府通訳が編纂したポケットサイズの英和辞書『英和対訳袖珍《しゅうちん》辞書』一冊だけという、なんとも無謀な留学です。もちろん、発覚すれば厳しい処分が待っているのは、言うまでもありません。

五人の秘密留学生は文久三年（一八六三）五月十二日、横浜からひそかに旅立ちました。

しかしこれはあくまで、長州藩の「裏」の顔。「表」の顔は二日前から、関門海峡で外国艦に砲火を浴びせかけた、攘夷の急先鋒なのです。

日本を離れるにあたり井上は、便宜をはかってくれた商人に感謝しながら、自分たちの志を次のように語ったといいます（『井上伯伝』）。

「我れらこの度の洋行は、独り長州のためのみにあらず、実に皇国（日本）のために尽くす所あらんとする赤心に出づ」

　あるいは、伊藤は自分たちの決意を、

「ますらをのはじをしのびてゆくたびはすめらみくにのためとこそしれ」

と詠じました。彼らは髷《まげ》を切り、刀を外し、西洋人のような格好をするのが、日本の武士として恥ずかしくて仕方ないと言うのです。しかし本音は恥ずかしいどころか、さぞ恐ろしかったことでしょう。

　いずれにせよ、自分たちが国禁を破って留学して、新知識を持ち帰ることが、必ずや「すめらみくに」（日本）のためになると、かたく信じていたのです。

長州藩の密航留学生。
（右から伊藤・山尾・野村・遠藤・井上）

　一体、現代の海外留学する日本の若者たちのうちの何割に、この五人のような使命感があるでしょうか。皆無とは言いませんが、非常に乏しいことは確かでしょう。

　それは、その後、たった五人の秘密留学生が「生きた器械」になって、明治日本に運び込んだ文物の大きさを見るだけでも、はっきりと分かります。

伊藤博文と井上馨は政治で、山尾庸三は工学で、野村弥吉こと井上勝は鉄道で、遠藤謹輔は造幣で、それぞれ留学経験を活かし、「パイオニア」として目覚ましい活躍を見せたのです。

八・一八の政変

今日、高杉晋作と聞けば、奇兵隊を連想するほどですが、実際は晋作が初代の奇兵隊総督を務めた期間は、それほど長くはありません。

晋作は文久三年(一八六三)六月二十七日、政務座役と奇兵隊総督を兼務するよう命じられます。つまり政治・軍事双方の責任ある地位を委ねられたわけです。

しかし、奇兵隊が藩の正規軍先鋒隊と衝突した事件により八月二十八日に政務座役の方を免ぜられ、奇兵隊総監督専任となります。

ところが九月十日、政務座役に再任されて、九月十五日には今度は奇兵隊総督の方を免ぜられるのです。結局、晋作が奇兵隊に在籍したのは、三カ月ほどでした。

こうした目まぐるしい人事が行われたのは、八月十八日に京都で「政変」が起こり、長州藩が窮地に立たされたことと深く関係します。

晋作が京都を去った後も、長州藩は朝廷の権威を盾に、躍進を続けていました。そしてついには大和行幸《ぎょうこう》を計画し、これを機に討幕の気運を一気に盛り上げようとします。ところが、皮肉にも長州藩の暴走を孝明《こうめい》天皇が危険視するようになっていく。また、こうした長州藩の活躍を面白くないと思う連中も当然いた。

そこで、長州藩に強い対抗意識を持つ薩摩藩は、京都守護職の会津藩と手を結び、朝廷内の反長州派とも通じて政変を起こし、長州藩を蹴落としました。

これが「八・一八の政変」です。

そしてこの政変を、孝明天皇自らが認める詔《みことのり》が発せられます。

「これまでの勅命に真偽の不分明の儀これあり候えども、去る十八日以来申し出で候儀は真実の朕《ちん》の存意」というのです。天皇は熱烈な攘夷論者でしたが、倒幕は望んでいません。ゆえに、日ごろから長州藩の暴走には、頭を悩ませていました。「これまでの勅命に真偽の不分期」云々という奥歯に物が引っかかったような言い方が、天皇の苦しい胸中を物語るようです。それに「偽勅」の存在を天皇自ら認めてしまったことが、後々問題を起こすことになります。

政変により長州藩は、御所の警備を解任され、出入りも禁じられて、大和行幸も延期となりました。

さらに、三条実美《さねとみ》ら長州藩寄りの七卿《しちきょう》が失脚して、長州藩を頼り亡命してきます。いわゆる「七卿落ち」です。

こうした非常事態に対処するため、長州藩は晋作を政治・軍事の兼務から、政治の方に専念させようとしたのでしょう。外国艦襲来の気配も当座はなかったので、晋作を奇兵隊に置いておく意味も薄れていたのです。

さらに晋作は、十月一日付をもって奥番頭《おくばんがしら》役に就き、新知百六十石を受けるという大変な栄達を遂げます。奥番頭は藩主の側近中の側近で、事実上、藩を運営する役職です。晋作は当時二十五歳ですから、異例のスピード出世ということになります。

感激のあまり晋作は、両親に手紙を書いています。その中には、次のような決意表明が記されています。

「実にありがたさ身に余り、当惑つかまつり候儀にござ候……ひっきょう私儀これまで身命を抛《なげう》ち、御奉公つかまつり候心底、天地に通り候儀かと恐懼《きょうく》まかりおり候。この後はなおさら生死は度外におき、着実忠勤つかまつり候落着にござ候につき、その段御安心つかわさるべく候」

政変後、長州藩は朝廷に対し、冤罪《えんざい》を訴えようとしますが、聞き入れてもらえません。長州藩にすれば、天皇の意である攘夷を忠実に実行してきたわけです。功こそあれ、罪などないと考えています。それを薩摩・会津藩が陰謀をめぐらせ、攘夷を腰砕けにしたというのが、長州藩側の言い分です。薩摩・会津藩を敵視するあまり、血気盛んな長州藩の若者は下駄の片方に「薩賊」「会奸」と書き、踏み付けて歩く者もいたと伝えられます。

出奔する

そこで長州藩の中には、軍勢を率いて京都に上り、薩摩・会津藩を蹴散らしてでも嘆願を遂げ、復権を果たそうとする「進発派」が台頭してきます。一方、藩内に立て籠もり、実力を蓄えながら形勢を見守ろうという慎重論を唱える「割拠派」もいました。

しかし、いつの時代も先の見えない不安な情勢下であればある程、人心は過激な意見に傾きやすいものです。

「進発派」の急先鋒である来島又兵衛《きじままたべえ》が率いる遊撃軍は、いまにも京都に攻めのぼりそうな勢いを見せます。そこで、君命を受けた晋作は、元治《げんじ》元年（一八六四）一月二十四日夜半、暴発寸前の遊撃軍陣営の防府《ほうふ》宮市《みやいち》を訪れ、来島に進発を中止するよう求めました。

ところが来島は、晋作の説得に応じません。豪傑タイプの来島は、この年四十八歳。子供ほどの年齢差の晋作には、とても歯が立つ相手ではなかったのです。

そこで晋作は、現地の正確な情勢をその目で確認し、あらためて来島を説得するため、ただちに海路、上方に走ります。京都に着いた晋作は、失地回復のために周旋する久坂や桂に会って意見を求めますが、やはり彼らも進発には反対を唱えました。

ところが藩内では、晋作に対する非難が湧き起こります。来島の説得に失敗した上、復命もせずに上方に出奔したというのです。

確かに常識からすると、晋作のやり方は、杜撰《ずさん》なものでした。

本来なら晋作自身が山口の藩政府に一度戻り、復命した後で上方行きの手続きをとるべきです。それが、たとえ危機が迫っているとはいえ、傍らにいた一人の藩士に言付《ことづ》けただけで飛び出したのですから、組織のルールからすれば逸脱も甚しい。スピード出世した晋作に対する妬《ねた》みも強かったので、たちまち足を引っ張られました。

こうして萩に連れ戻された晋作は、三月二十九日、城下の野山獄《のやまごく》に投じられます。奥番頭というポジションも、新知百六十石も、すべて没収されたのは言うまでもありません。

野山獄での日々

エリート街道まっしぐらだった晋作は、一気に囚人という立場に転落しました。

投獄初日、晋作は、

「先生を慕うてようやく野山獄」

と詠んでいます。松陰もかつて二度ばかり、同じ野山獄に投じられました。たとえ獄中に在っても、松陰の「志」を継いでいるのだという、晋作の強烈な自負です。

それから晋作は、獄中で読書と詩作に明け暮れました。読書は一日二十から九十葉、詩歌は一、二作です。

同囚の者たちの中には、そんな晋作の姿を冷ややかに眺めている者もいました。「死罪に処されたら、いくら努力しても、すべて無駄になってしまうではないか」と笑うのです。晋作はもちろん、こんな連中を相手にはしません。

『投獄文記』と題された晋作の獄中日記を読むと、この時期の晋作の胸の中には、たびたび松陰の面影が去来していたことが分かります。

処刑される少し前、松陰が晋作の今後の進路につき授けた、具体的なアドバイスがあります。

ひとまず結婚して役人になり、父母を安心させる。そして職場で「正論」を主張し、上司とケンカでもして役人を辞め、読書三昧の生活を十年続けた後、大きな仕事を成し遂げろというのです。

晋作はいまの自分が、松陰の言ったとおりの人生を歩んでいることに、驚きを禁じえませんでした。日記に、

「しこうして余（自分）の行うところ、先師（松陰）の言とまさに符節を合する如し」と記しています。だからこそ晋作は、獄中を修練の場と考え、十年間読書に励もうと張り切ったのです。これが自分に課せられた運命であると、真摯《しんし》に受け止めようとしていました。

それでも、精神的に不安定な長い時間を過ごしていると、自分自身に負けそうになることもあります。そんな時は、松陰が残した「生死は度外に置く」という教えを思い起こしながら、

「余、先師に地下で誓い、翻然《ほんぜん》として心を改む。早起して室を払い（掃除）、虚心黙語、従容として以って命の終わるを待つ」

と気を引き締めているのです。

評価は後世に委ねる

獄中で晋作は、自分の行動がいつも周囲の者たちに誤解を与えてしまうことを、悩んでいました。「直言直行、傍若無人」という性格が原因なのは承知しているのですが、しかし、それを気にしていては、大きな仕事はできません。このたびの上方への出奔《しゅっぽん》についても、反省はしつつも、

「しかれども直言直行、傍若無人、身命を軽んずるの気魄あればこそ、国のために深謀遠慮の忠もつくさるべし」

と述べています。しかし、「志」を遂げる途中で湧き起こる「嫌疑」や「謗議（非難）」に気を取られ、行動を起こすのをためらうようでは、まだまだ未熟な証しです。

晋作にそれを気づかせてくれたのは、菅原道真《みちざね》と屈原《くつげん》（屈平《くつぺい》）という、歴史上の人物でした。

宇多天皇に仕えた道真は、藤原氏の謀略により九州太宰府に左遷され、それでも皇室を思いながら無念の死を遂げました。屈原は中国・楚の時代、讒言《ざんげん》のため失脚し、石を懐に入れて汨羅《べきら》の江《こう》に身を投じた忠臣です。

いずれもその忠義は報われることなく、理不尽な最期を遂げねばなりませんでした。

この時期の晋作は、獄中で二人に思いをめぐらせ、次のような漢詩を作っています。

「君見ずや死して忠鬼となる菅相公
霊魂は尚存す天拝峰《てんぱいのみね》
又見ずや石を懐にして流れに投ず楚の屈平
今に至って人悲しむ汨羅の江
古より讒間《ざんかん》忠節を害す

忠臣は君を思いて躬《み》を懐《おも》わず
我亦貶謫《へんたく》幽囚の士
二公を思い起こせば涙胸を沾《うるお》す
恨むを休《や》めよ空しく讒間の為に死すを
自ら後世議論の公なるあり」

二人は確かに悔し涙を飲んで、死んでいった。しかし、道真の霊魂は太宰府の天拝峰に残っている。汨羅の流れを見る度、人々は屈原を思い、悲しむ。つまり二人とも、遠い昔に肉体は滅んではいるが、忠義の「志」はこの世に残っているのです。

そして、末尾の、評価は後世に委ねるという意味の一節が、晋作の達した境地でした。いまは讒言のため不遇のまま死んでも、必ずや後世に「歴史」が自分の行動を評価してくれるに違いない。獄中で晋作はそう信じ、この境遇に耐えようと、歯を食いしばります。

連合艦隊襲来

晋作の野山獄での生活は、八十日にもおよびました。

父小忠太が尽力した甲斐もあり、晋作は六月二十一日に出獄し、菊屋横町の自宅の座敷牢に移ります。喜んで自分を迎えてくれる父の慈顔に接した晋作は、涙が止まらなかったと述べています。

しかし、結果から見ると、投獄という不幸が、晋作の生命を永らえさせることになりました。

進発派の勢いに押し切られた長州藩は、軍勢を率いて京都に上り、七月十九日、御所を守る薩摩・会津藩と激突し、敗れます。「禁門《きんもん》の変」とか「蛤御門《はまぐりごもん》の変」と呼ばれる戦いです。

長州軍は味方の遺骸二百体を戦場に放置したまま、敗走しました。来島又兵衛・久坂玄瑞（義助《よしすけ》）・寺島忠三郎・入江九一・有吉熊次郎など、多くの晋作の同志が戦死、あるいは自害して果てました。乞食に変装し、京都を脱出した桂小五郎は、但馬《たじま》（現在の兵庫県北部）に身を潜めました。

晋作はこの頃、萩の座敷牢で毎夜、久坂の夢を見たそうです。

晋作も失脚していなかったら、否応なく戦場に立たされていた可能性が高い。そうすれば晋作もまた、京都に屍をさらしていたかも知れません。

歴史はここで、晋作を殺さなかったのです。彼の本当の活躍は、まだこれからでした。

京都での戦いに敗れたという知らせが、山口の藩主のもとに届いたのとほぼ同時に、今度は四カ国連合艦隊が、下関を攻撃するため襲来するとの報が入ってきます。

関門海峡を事実上封鎖され、貿易上の不利益を被ったイギリス・アメリカ・フランス・オランダは協議の末、十七隻の艦隊を組んで、長州藩に武力による制裁を加えることを決めたのでした。

世界を相手に戦う

元治元年（一八六四）八月五日午後から、十七隻の艦隊に積まれた二百八十八門の大砲は下関目がけて火を吹き、激しい砲撃を加えてきました。

主戦場となった下関沿岸の前田・壇ノ浦砲台を死守していたのは、赤禰《あかね》武人《たけと》を総督とする奇兵隊です。前年六月、晋作によって結成された奇兵隊にとり、これが初めて体験する実戦でした。

砲台と敵軍艦の間の距離はわずか二十数メートル。戦いの凄まじさは、「山鳴り、谷対へ百雷の一時に発するが如し」だったと、ある隊士の手記にあります。あるいは、敵弾をまともに受けた隊士の遺骸はばらばらに飛び散り、あたりは血の海と化しました。

連合艦隊の使った砲弾は、高さが四十センチ程の筒形で、先が尖り、火薬が入っています。これを大砲の元から込めて発射し、命中すれば突き刺さって、炸裂する仕組みです。

ところが長州軍の砲弾は、直径二十センチ程の丸い鉄の玉で、火薬が入ったタイプと、入っていないタイプがありますが、いずれも大砲の先端から込めて、発射しました。しかしあまり砲身の先端を前に傾けますと、砲弾が転がり落ちたそうです。

外国兵に占領された前田砲台

このように砲弾ひとつ見ても、近代兵器で装備した連合艦隊の外国軍は、長州藩にとって太刀打ちできる相手ではありません。

戦いは八月六日、七日も続きますが、結局は外国軍の上陸まで許してしまい、長州藩は敗北を喫します。

ここに至り講和が締結されることになるのですが、長州藩はまたもや晋作に頼らざるをえなくなりました。

非常事態につき、座敷牢から出された晋作は、この頃、山口に呼び出され、御手廻り組に加えられ、政務座役に列せられていたのです。

今度は囚人から一気に重役の座に逆戻り。この振幅の激しさが、いかにも晋作らしい。晋作は藩主から拝領した直垂《ひたたれ》に身を包み、烏帽子《えぼし》を頭に乗せて、連合艦隊の旗艦、イギリスのユーリアラス号に乗り込んでゆきます。二十六歳のこの若者の肩に、一国の運命がかかっていたのです。

戦いの末に生まれるもの

三度行われた講和談判のうち、使節となった晋作は二度出席しています。ただし家老の養子「宍戸《しし ど》刑馬《ぎょう ま》」と変名し、身分を偽っていました。

談判の結果、長州藩は外国艦の海峡通航を認め、砲台を新築修復しないという約束を交わし、さらに下関での水、食糧、燃料等の補給を許可します。

しかし外国軍が突き付けてきた賠償金三百万ドルの支払いだけは、拒否しました。三百万ドルというのは、法外な金額でした。長州藩が飲まず食わずで返済しても、数十年はかかるはずです。とても支払い能力があるとは思えません。

そこで長州藩は、幕府の決めた攘夷期限を実行に移しただけで、責任は幕府にあるという理屈をひねり出すのです。外国軍はあっさりと手を引き、幕府に請求して一応の決着がつけられました。外国は幕府に、ケタ外れの賠償金の代償として下関と兵庫の開港を求めようとしました。しかし幕府は賠償金の支払いに応じるという後日談があります。

ここで長州藩は、攘夷というイデオロギーにピリオドを打ちます。開国して国力を高め、「外圧」を除く以外に道がないことは、誰の目にも明らかになりました。

攘夷を断行した意味につき、後日、下関を訪ねてきた土佐脱藩の浪士中岡慎太郎（変名・石川清之助）に、晋作は次のように語ったといいます。

「今日、西洋事情を説いて、かの地を知っているような顔をしている者は、わずかに西洋の一端を知っているに過ぎない。西洋が盛んなのは、大いに理由があるのだ」

幕末日本には、単純に西洋列強の繁栄に憧れを抱く若者たちも多くいました。そんな需要に応じるかのごとく、福沢諭吉の『西洋事情』初篇が出版され、十五万部を超えるベストセラーになるのは、この二年後のことです。

しかし、晋作は西洋の華やかな繁栄が、戦争を繰り返し、屍の山を積み上げた中から生まれてきたことを知っていました。さらに晋作は、次のように続けます。

「西洋が盛んなことを学ぼうとするなら、英仏などが内戦をたびたび経たり、魯西亜《ロシア》が百戦危難の中から国を起こしたことまで汲《く》み取り、手本にすべきである。わが国の弊勢《へいせい》と、西洋の盛んな文明とを、単純に比較し、学ぼうというのは、大間違いの極みである」

本当の平和や自由や繁栄は、死に物狂いの戦いを経なければ生まれてはこない。長州藩の攘夷戦もまた、日本の独立を守るため、避けて通ることが許されない、歴史の陣痛だったのです。

西洋列強の信頼を得る

先に砲弾の話をしましたが、他にも長州藩には、上陸した外国軍の兵士に珍しがられた「木砲《もくほう》」という兵器があります。

これは松の木をえぐって半円としたものを、合わせて円筒型にし、その周りに竹のタガを巻き付けた木製の大砲です。青銅砲の不足を補うため、腕のいい大工集団に依頼して、急遽作ったもので、沿岸に並べられました。

一応砲弾は発射できたそうですが、一、二発撃てば、タガが切れて使い物にならなかったそうです。イギリスの通訳官アーネスト・サトウは、「奇妙な武器」として、興味深げに細かい観察記録を手記『一外交官の見た明治維新』(坂田精一訳)に残しています。

それにしても、こんな木砲を使ってまで日本の一大名が、世界の列強四カ国を相手に戦争を挑むなど、なんと無謀な行為でしょう。誰の目にも、結果は最初から明らかです。

損得という合理的な物差しで測れば、長州藩にとり、これほど損な戦争はありません。合理的な頭脳を持つとされる西洋人たちの目に、長州藩は無知で無謀で、愚かな野蛮人集団に映ったのでしょうか。

ところが、これが違うのです。

ここが面白いと思うのですが、西洋列強はこの戦争を機に長州藩に好意を抱き、敬意を払うようになるのです。たとえばアーネスト・サトウは、戦いの後の長州藩に対する気持ちを、こんなふうに書き残しています。

「長州人を破ってからは、われわれは長州人が好きになっていたのだ。また、長州人を尊敬する念も起こっていたが、大君（将軍）の家臣たちは弱い上に、行為に表裏があるので、われわれの心に嫌悪の情が起きはじめていたのだ」（前掲書）

開国の条約を結んでくれた幕府というのは西洋列強にとって、ある意味で都合のいい政権でした。ところが、孝明天皇から迫られると、攘夷実行を約束する。そんな態度がかえって「嫌悪の情」を生み、信頼を失ったようです。

だが、長州藩は違った。勝てるはずがない西洋列強に、猛然と抵抗してきた。世界を敵に回してでも、日本という国の独立を守ろうと必死になった。

果たして人間として、どちらが信用できるかといえば、ブレまくる幕府より、やはり抵抗した長州藩なのです。

列強を四カ国もまとめて敵にして戦った「チョーシュー」「モーリ」は世界中の新聞の

紙面を賑わしたことでしょう。世界地図で見ると針の穴ほどのちっぽけな本州西端の藩の名は、全世界に轟きわたります。

以後、長州藩は特にイギリスとの関係を深めてゆきます。この後、討幕のため武器弾薬を長州藩に輸入する便宜を、イギリスがはかってくれたのも、戦争を経て信頼関係を築いていたからです。

人間の心というのは、いくら合理的に割り切ってみても、志を胸に、奮闘する者を見れば、敬意の念が自然と湧くようにできているのでしょう。負けると分かっていても、それでも立ち向かわなければならない時がある。そこで尻尾を巻いて逃げるか、踏ん張るかで人間の値打ちが決まるのです。

勝敗を超えて奮闘する者が現れ、人々の魂を揺さぶった時、常識では開くはずがない、重い時代の扉が開く瞬間があります。幕末という激動に身を投じた変革者たちの多くは、その瞬間をひたすら信じ、自らを犠牲にして散華していったのです。

第八章　幕府との決戦

「朝敵」となった長州藩

朝廷は「禁門《きんもん》の変」を起こし、御所に攻め込んだ長州藩を追討するよう、幕府に命じました。元治《げんじ》元年（一八六四）七月二十三日のことです。

これを受けた幕府は江戸や京都、大坂の長州藩邸を没収し、さらには西国三十四藩に対して征長令を発し、「長州征伐」に乗り出します。総督は尾張藩前藩主の徳川慶勝《よしかつ》。本営は、長州藩の隣国である広島城下の国泰寺《こくたいじ》に置かれました。幕府にすれば、いよいよ目の上のコブだった長州藩を朝廷のお墨付きを貰って、討つことができるのです。

八月二十二日、朝廷は長州藩に「朝敵」の烙印を押しました。

これにより藩主毛利慶親《よしちか》は従四位上大膳大夫、世子毛利定広《さだひろ》は従四位下長門守という官位を剝奪されます。また、幕府は長州藩主父子から将軍の偏諱《へんき》（将軍の名から貰った一字）を奪ったので、慶親は敬親《たかちか》、定広は広封《ひろあつ》と改名することになりました。

七月には京都で、八月には下関で敗走した長州藩に、今度は勅命を奉じた征長軍（長州征伐軍）が迫ります。

「内憂外患吾が州に迫る
正にこれ危急亡存の秋《とき》
唯邦君のため邦国のため

降殫名姓《こうたんめいせい》又何ぞ愁《うれ》えん」

は、この苦境の中で晋作が作った漢詩です（晋作自筆草稿より）。未曾有の危機が迫っている。藩のため、藩主のため働いて、自分の名が汚されても、後悔はしない。これが晋作の決意なのです。

ここに至って長州藩内では、大きな政権交代が起こりました。

それまで急進的な攘夷運動で反幕府路線を突き進んできた「正義派」が政権の座を追われ、「俗論党」が台頭したのです。

そもそも「正義派」対「俗論党」の対立は、村田清風《せいふう》が行った「天保《てんぽう》の改革」をめぐる対立でした。「正義派」は急激な改革を、「俗論党」は緩やかな改革を進めようとします。これが幕末になると、幕府にいかに対処するかという問題をめぐる対立へと発展してゆくのです。

「正義派」は村田清風に始まり、周布政之助《すふまさのすけ》がその後継者でした。晋作もまた、「正義派」に連なります。「俗論党」は坪井九右衛門に始まり、当時は椋梨藤太《むくなしとうた》が継いでいました。「俗論党」は征長軍に対し、ひたすら謝罪を尽くすという純一恭順論を藩主や重臣に説き、入れられます。この場合「俗論党」の判断は、きわめて常識的でした。このまま「正義派」の路線でひたすら突き進んでも、長州藩には壊滅の二文字しかなかったはずですから、上層部の支持を受けたのも頷けます。

　こうして九月下旬になると、「正義派」は藩政府からほとんど一掃され、要職は「俗論党」で占められることになりました。

晋作、九州へ

「俗論党」の台頭により失脚し、追い詰められた周布政之助は、元治元年（一八六四）九月二十六日夜、山口矢原（現在の山口県山口市）で自刃し、四十二歳の生涯を閉じます。前夜、藩主の前で「武備恭順」を唱えた井上聞多（馨）が山口藩庁からの帰途、刺客に襲われ、瀕死の重傷を負いました。

「俗論党」の幹部には、松陰の教えを受けた、晋作の従兄諫早巳次郎《いさはやみじろう》（生二）もいました。諫早は征長軍に恭順して長州藩を救おうと、先頭に立って働きます。まさに「骨肉の争い」です。

　彼らに肉親の情という「私」を振り払わせたのは、自分の進む道にこそ「大義」があると信ずる「公」の志でした。それは、意見が対立したとはいえ、「正義派」も「俗論党」も同じです。

　失脚して萩の自宅に帰っていた晋作に、「俗論党」の追っ手が迫りました。

そこで晋作は敵に後ろを見せ、さっさと逃げます。志を遂げるためには、つまらぬ意地を張り、生命を落とすことはないのです。「生きて大業の見込みあらば、いつまでも生くべし」もまた、松陰の教えでした。

十月二十四日、晋作は変装してひそかに萩城下を脱出し、山間部の佐波郡徳地村（現在の山口県山口市）で息をひそめる奇兵隊の陣営を訪れます。すでに「俗論党」の藩政府は、奇兵隊や諸隊にも解散命令を下していました。晋作は奇兵隊軍監山県狂介《やまかたきようすけ》（有朋《ありとも》）に会い、「俗論党」打倒のため、共に立ち上がるよう求めます。

しかし、慎重派の山県は応じなかった。

山県らにすれば、征長軍が国境に迫っている緊急時に、藩内戦は避けたかったのでしょう。すでに晋作の「鶴の一声」で、奇兵隊が動く時代ではなくなっていたのです。

晋作は失意のまま、

「ともし火の影細く見る今宵《こよい》かな」

の一句を残し、下関を経て筑前福岡へと向かいます。

晋作が九州を目ざしたのは、福岡脱藩浪士の中村円太（変名・野唯人《のただと》）の誘いに応じたからです。「長州征伐」に批判的な佐賀藩や福岡藩を説き、幕府や「俗論党」に対抗できる軍事力を打ち立てるというのが、中村の考えでした。

晋作が潜んだ平尾山荘（福岡市）

しかし、晋作は九州に渡って間もなく、こうした考えが都合のいい他力本願に過ぎず、画に描いた餅だったと、すぐに気づきます。反幕府の「総本山」ともいうべき長州藩の晋作たちが、朝廷に誤解され、幕府に追い詰められて、崩壊寸前なのです。そんな時、他藩の同志たちに、「総本山」を助ける気力があるはずがありません。晋作たちが息を吹き返した時にこそ、全国に反幕府の勢いが復活するのです。晋作は藩外に出ることで、自分たちが時代をリードし、その勢いを作っていたことを、あらためて思い知らされたのでした。

晋作は福岡郊外の平尾山荘に隠棲する勤王歌人の野村望東《ぼうとう》のもとに潜伏し、次の行動に出る機会を窺います。

望東は福岡藩士の妻でしたが、夫の没後、変革を求めて政治運動に奔走する若者たちに共感を寄せ、庇護し、後世「志士の母」と呼ばれた女性です。

こうしている間にも、戦わずして降伏の意を示そうとする長州藩は征長軍に対し、恭順の意を表していました。

「禁門の変」の責任者として、福原越後《えちご》・益田右衛門介《うえもんのすけ》・国司信濃《くにししなの》の三家老を切腹させ、中村九郎ら四参謀を処刑しました。

征長軍の要求を受け入れ、藩政の中心を山口から萩に引っ込め、藩主父子は萩の寺院で謹慎。五卿《ごきょう》（この時七卿のうち一人は脱走、一人は病死していた）を九州に移す準備も進められていました。

晋作は、いてもたってもいられなくなったのでしょう。ひそかに下関に舞い戻り、武力による「俗論党」政権打倒の決意を固めました。

下関で挙兵する

「口に正々堂々を唱え、座して天下の機会を失うものは、これこそいわゆる躁暴論なり」が、晋作の持論です。心から私心を除き、義と公に照らし合わせて正しいと思うのなら、口先だけではなく、断固立ち上がらねばなりません。

九州から帰った晋作は、長府城下（現在の下関市）に割拠していた奇兵隊はじめ諸隊に、「俗論党」藩政府打倒のため決起するよう呼びかけます。

解散命令を出された諸隊は当時、五卿の護衛という大義名分を主張していました。しかし、晋作の誘いに、奇兵隊も他の諸隊（御楯隊・八幡隊など）も応じようとはしません。奇兵隊総督・赤禰武人をはじめ幹部たちは、解散命令を撤回させ、藩内戦を回避させるべきと考え、「俗論党」藩政府を相手に交渉を続けていたのです。

しかし晋作は、いま決起しなければ「機」を失うと直感していました。「事件」は誰の目にも見えます。

ところが「機」はそうはいきません。志をフィルターにして、ひとつの目的を直視する者のみに、見ることが許されるのです。

この時、晋作はただ一人の「機」を見ることができる人間でした。いや、自分で固くそう信じていたと言ってもいいでしょう。だから、自分に従えない者に対して、

「皆腰抜けだ、ダメだ」

と、罵っています。あるいは、

「願わくば従来の高誼《こうぎ》に対して、予に一匹の馬を貸してくれ。予はこれに騎して君公の急に赴く。一里行って斃《たお》れても国家に殉ずることになる。十里行って死んでも、毛利家に尽くすことになる。願わくば予に馬一匹を貸してくれ」

と、悲壮な演説を行ったりしています。

そのうち少数ですが、晋作に賛同する者が現れ始めます。遊撃隊（軍監・高橋熊太郎）と力士隊（総督・伊藤俊輔）の約八十人（異説あり）です。

そこで晋作はこの八十人を率いて、元治元年（一八六四）十二月十五日未明、下関新地にあった藩の出先機関である会所を襲撃します。根来上総ら役人を萩へと追い払い、藩政府への反旗を翻しました。これが後日、晋作の事蹟のうちで、最も高く評価される「馬関《ばかん》義挙」とか、「下関挙兵」と呼ばれる事件です。

長州男児の「肝っ玉」

挙兵にあたり、晋作は長府功山寺に潜伏中の三条実美《さねとみ》ら五卿を、出陣の挨拶のために訪れています。小具足に身を固めた晋作は、五卿の前に進み出て、

「もはや口舌の間にての成敗の論無用なれば、これよりは長州男児の腕前お目にかけ申すべし」

と挨拶し、馬上の人となります。この晋作の口上は、三条に随従していた土佐浪士土方《ひじかた》久元《ひさもと》の手記によりますが、別の資料では「腕前」が「肝っ玉」になっていたりします。

こうして、「雷電」「風雨」の勢いで下関を制圧した晋作は、次は二十人ほどの浪士からなる決死隊を率い、瀬戸内の三田尻（現在の山口県防府《ほうふ》市）に走って、海軍局を襲撃、軍

挙兵する晋作をモチーフにした「回天」
（長嶺武四郎作、著者蔵）

艦を手に入れました。

あるいは、藩内の豪農たちは軍資金を提供して、協力を誓います。

明けて慶応元年（一八六五）一月六日、傍観していた奇兵隊や諸隊も、ようやく立ち上がりました。晋作に成算ありと踏んだのでしょう。

そして、鎮圧に乗り出した「俗論党」藩政府の軍勢と、山間部の大田《おおだ》や絵堂《えどう》（現在の山口県美祢市）で十日間にわたり、激しい内戦を繰り広げます。「大田・絵堂の戦い」と呼ばれる、長州藩骨肉の争いです。

その結果、晋作ら決起した側が勝利し、中立派が組織されて、「俗論党」は藩政府から斥けられました。椋梨は捕らえられ、斬首。晋作の従兄諫早も捕らえられ、維新まで獄につながれます。

政権を奪取した晋作たち「正義派」は、再び朝廷・幕府との一戦も辞さない「武備恭順」の方針で、長州藩を一本化してゆきます。

表では朝廷・幕府に恭順の姿勢を示しながら、裏では大量の武器を密輸し、軍備を徹底して洋式化し、薩摩藩と提携するなど、幕府との対決準備を進めるのです。

晋作の決起が突破口になり、長州藩の進む方向を大きく転換させた意味は、大きいものがあります。

ちなみに、藩内戦最中の慶応元年一月、幕府征長軍の総督徳川慶勝は長州藩の恭順を認め、撤兵を開始していました。穏健に決着をつけたいと願う慶勝は、長州藩の勢力を根絶やしにすることを避け、内戦には介入しない方針をとったのです。

しかし、不戦解兵で終わらせたことについては、幕府内でも不満の声が高く、早くも長州再征伐の動きが起ころうとしていました。

準備不足の挙兵

ところで、晋作は本当に勝利するつもりで、たった八十人で決起したのでしょうか。

こうした問いに対し、晋作びいきの作家たちは、「成算あり」と回答するのが常のようです。奇兵隊や諸隊の呼応も、豪農たちの軍資金援助も、そして勝利することまでも、晋作はすべて最初から見越していたというのです。それでこそ晋作は、たった一人ですべてを計算することができた、「天才革命家」と絶賛されるのです。

しかし、そんな評価は単なる「結果論」に過ぎません。

晋作が下関で決起した時、藩政府には動員できる兵力が二千人もいました。にもかかわらず、八十人で立ち向かうのです。二千対八十の戦いなど、冷静に考えればいくら「天才革命家」でも、成算などあろうはずがない。

しかも、晋作が挙兵前に諸隊や豪農たちを訪ね歩き、協力を依頼し、根回しを行ったような形跡は見当たりません。

酒に酔い、諸隊の陣営に乗り込んで、庶民から身を起こした赤禰武人を「大島郡の一土民」と罵った程度の逸話しか残されていません。これでは、諸隊が晋作の扇動に乗るわけがない。むしろ下級武士や庶民出身の多い諸隊士たちは、晋作に反感すら抱きかねないでしょう。

憤慨した晋作は、尻込みする同志たちに向かい、

「真《しん》があるなら今月今宵《こんげつこよい》、あけて正月だれも来る」

と歌い、出撃します。本当にやる気があるなら、先が見えないいまこそ立ち上がれと、訴えたかったのです。

ところが、晋作たちが最初に襲撃した下関新地の藩会所の蔵には、金銭も食料も残っていませんでした。万一の場合を考え、「俗論党」藩政府が、他所に移していたのです。

この一点を見ても、挙兵前の下調べが不十分だったことは明らかです。

晋作が山口矢原の大庄屋吉富《よしとみ》藤兵衛（簡一《かんいち》）に、

「少々金入用にござ候ところ、中々金を出し候者も少なく困窮《こんきゅう》つかまつり候」

等と記した密書を発し、軍資金の援助を乞うたのが、挙兵から十二日後の十二月二十七日です。しかも晋作は、密書を持たせた使者に刀を与え、吉富が万一断れば斬り捨て、お前もその場で自害せよと、かなり強引な談判をやるよう命じたようです。

そして前述のように、傍観を続けた奇兵隊はじめ諸隊が晋作に呼応するのは、挙兵からなんと三週間も後のことでした。

いずれも「天才的革命家」の行動とするなら、準備不足も甚だしく、お粗末過ぎて到底納得がゆくものではありません。

松陰の死生観

では私は、晋作の挙兵を評価しないのかというと、それは違います。

最初から成算など、考慮しなかったと言っているだけです。成算のない行動と言えば、ただの「無謀」と片付けられてしまいそうだが、それも違います。

かつて、「安政の大獄」に連座した吉田松陰は晋作に、

「死して不朽《ふきゅう》の見込みあらば、いつでも死ぬべし。生きて大業の見込みあらば、いつまでも生くべし。僕の所見にては、生死は度外におきて、ただ、言うべきを言うのみ」

との死生観を授けて、刑場の露《つゆ》と消えました。

晋作はこの教えに従い、「機」を見た瞬間、成算の有無は度外視し、戦いに真っ先に身を投じて見せることで、決意を示そうとしたのです。

挙兵し、たとえ討ち死にしても、晋作の志は「不朽」のものとなり、傍観を続けた者たちを奮起させるはずです。

晋作の屍を乗り越えて、誰かが志を継いでくれるはずです。

もし、晋作が命がけでそこまでやっても、何も感じない長州藩や同志たちなら、晋作は生きている価値がなかったのでしょう。

これが、晋作がたった八十人の挙兵によって見せようとした「長州男児の肝っ玉」なのです。

幕府に最後まで抗議し続けた松陰も、四カ国連合艦隊に激しく抵抗した長州藩も、そして八十人で挙兵した晋作も、すべてに通じるのは、捨て身になってでも時代を動かそうとする志です。

それは現代の日本に、どの程度受け継がれているのでしょうか。

信念を貫けない現代の政治家

二十一世紀の現在、事大主義が大いにはびこっていることは、実に嘆かわしい。政治の世界ひとつ見ても、強者に逆らってでも自分の信念を貫こうとする骨のある人物は、なかなか現れません。「反骨精神」なんて死語に近い。

たとえ、一人になっても、自分の所属する党を除名されても、そして「悪魔」や「狂人」扱いされても、信念を貫こうという姿勢が全く感じられないのです。

「平成の松陰」や「平成の晋作」と、恥ずかしげもなく自称している政治家は多いですが、ちっともピンと来ない。松陰や晋作に重なる部分が皆無なのです。

実は松陰や晋作は「長州人」の典型ではないと思います。強い権力志向、事大主義、見栄っ張りが多いとされる長州人の中にあって、松陰や晋作は「大義」のためなら損得を考えずに志を信じて暴走できる少数派です。

晋作も手紙で、

「長州人は軽薄につき、露言が多くてこまり入り候」

「とかく長州人は初め脱兎《だっと》、後処女《のち》の如し、願う所は初め処女、後脱兎の如くこれありたく頼み奉り候」

などと述べています。「長州人」でありながら「長州人」を客観的に眺めているのです。

それは晋作が反骨精神旺盛な、規格外の「長州人」だったからにほかなりません。

たとえば「今松陰」と呼ばれた、山口県出身の政治家に、安倍寛《かん》がいます。

東京帝国大学を卒業し、故郷の村長を務めるなどした寛は、昭和十二年（一九三七）四月、衆議院議員に当選。

続く十七年の翼賛《よくさん》選挙では、東条英機《ひでき》らの軍閥主義を厳しく批判して大政翼賛会の推薦を受けずに立ち、無所属で再選を果たします。この選挙で無所属で通った者は、寛を含め全国で八名しかいませんでした。

寛は非推薦議員団のひとりとして、暴走する「多数派」の軍事政権に立ち向かいます。しかし時代は寛の望む方向には進まず、戦争は泥沼化し、多くの不幸を生んで昭和二十年八月十五日の終戦を迎えました。

寛は戦後、再び国政に参加すべく準備を進めますが、昭和二十一年一月、五十三歳で病没します。

キナ臭い、狂乱する時代に、少数派になることを恐れずブレーキをかけようとした寛が、「今松陰」と呼ばれたのも納得できます。自らの権力を手に入れるため、陰険な裏取引に奔走する政治家の横行が何かと見え隠れする昨今からすれば、寛の生き方は、夢物語のような印象すら受けます。

捨て身の自己犠牲を、いたずらに美化するわけではありません。

ただ、成算を、そして生死をも度外視した決意の表明が、数々の歴史の転機を生んだことは、まぎれもない事実なのです。

遠く幕末に生きた松陰や晋作から、現代人が学び、受け継ぐものがあるとすれば、この部分であるはずなのです。

長州藩を独立させよ

内戦後、晋作は長州藩を「大割拠」させ、「独立国」にしようと考えます。「朝敵」の汚名が消えないのなら、自分たちでルールを作ってしまおうというのです。

そのため、下関を国際貿易港として開こうとしました。幕府の頭上を越えて、イギリスの承認を得て開港しようと奔走したのですが、さすがにこれは実現しませんでした。

このように息を吹き返した長州藩を再び征伐しようと、幕府は行動を開始しました。慶応元年（一八六五）九月には、朝廷の許可を取りつけ、十一月には長州藩への進軍令を発します。今度の総督は、紀州藩主の徳川茂承でした。

そこで、慶応二年一月、長州藩士木戸貫治《かんじ》（桂小五郎あらため。孝允）は、ひそかに京都に上り、仇敵《きゅうてき》の仲であった薩摩藩士西郷吉之助《さいごうきちのすけ》（隆盛）らと会談を重ね、いわゆる

桂小五郎こと木戸孝允銅像（京都市）

「薩長同盟」を締結します。

　これは、中央の政局に実力を持つ薩摩藩が、「朝敵」長州藩復権のために、尽力するのを誓った同盟でした。

　幕府の独裁に強い不満を抱きながら、お互いライバル意識が強く、それまで両藩は対立を続けてきました。しかし、諸大名による共和体制での日本再生を考える薩摩藩は、幕府と対抗するためにも、長州藩を脱落させてはならぬと考えるようになります。それに、中央進出の強い野心を抱く薩摩藩にとり、関門海峡を擁する長州藩と対立するのは、交通の点から見ても決して得策ではありません。

　実は長州藩と薩摩藩の接近は、前年から本格的に行われていました。フランスの提案により、イギリス・フランス・アメリカ・オランダの列強は、日本との密貿易を禁止していましたから、「朝敵」である長州藩は武器を購入することができず、困窮していました。そこへ、薩摩藩がひそかに長州藩に名義を貸し、助けたのです。

そのおかげで、長州藩はイギリス商人から小銃七千挺や蒸気船軍艦一隻などを購入し、軍備を一新することができました。

このように、幕府と戦う準備は、着々と進められていました。

藩主から今後の幕府対策を尋ねられた晋作は、防長二州を幕藩体制の中から割拠《かっきょ》することを提案します。幕府がどんな温言甘辞で懐柔《かいじゅう》してきても、絶対に乗ってはならない。その結果、戦争に持ち込めたら、天下のため、長州藩のため「回復」の好機会だというのです。

または第二次征長軍との開戦を前に、土佐浪士中岡慎太郎《なかおかしんたろう》から、決意を質《ただ》された晋作は、涙を流しながら、こんなふうに返答しています。

「不肖、拙者の生命がある限りは御安心あれ。古くから天下の事を行う者は、大義を本分とし、決して他人に左右されることなく、断固として志を貫く。禍福《かふく》や死生によって気持ちが揺れ動いたりするものではないのだ」

さらに晋作は、外圧から日本を守れない幕府を一日も早く倒し、朝廷の権威を確たるものにしなければならないと力説した後、こうも述べました。

「わずか二州（周防・長門）の興亡は二の次だ。皇国（日本）の大危機を救うことが出来ねば、なんで天下の有志に面目が立つだろうか」

晋作の中に、長州藩という枠を超えた、国家という意識がはっきりと芽生えていたことが分かります。

晋作の人材育成

こうした一触即発の緊迫した情勢の中でも、晋作は人材育成を忘れませんでした。注目すべき、こんな史実が残されています。

長州埴生《はぶ》浦出身の民間の医者の息子である石田少年は大変な秀才で、二、三年前から豊後日田（現在の大分県日田市）の漢学塾咸宜園《かんぎえん》に遊学していました。

ところが長州藩が「朝敵」になるや、退学、帰省させられてしまいます。

政治上の争いごとが、遠く日田で学ぶ長州の一少年の将来にも、暗い影を落としてしまったのです。

どのような経緯があったのかは分かりませんが、帰省させられた石田少年は晋作を頼ります。そして晋作は、才能あるこの少年に親切でした。なんとか夢をかなえさせてやろうと思います。そして、旧知の学者で、藩校明倫館で教鞭をとっていた坂上忠介に手紙を書き、石田少年についての依頼をします。まず石田少年の個性につき、

「ずい分、少年にしては詩文もかなり出来候。その上、人物もよほど温順にて、諸隊の戦

士にあい成り候程の勇はこれなく候」

と、兵士向きではないと紹介します。さらに続けて、

「しかしながら文人もこれなくてはあい済まざる事につき、秀才の者は御引き立てこれあり候てよろしき様存じ奉り候」

と、戦時下ではありますが、石田少年を文人として育てたいのだと、頼んでいるのです。このあたり、晋作の度量の大きさを見る思いです。

同じ手紙で晋作は、石田少年は苦学生だから、坂上の門人にして、明倫館の奨学生にして欲しい、もし身分が不足なら、自分の育《はぐくみ》（養子のようなもの）にしてもいいと、熱心に説いています。

かつて、松陰や周布政之助に育てられた晋作が、今度は後進を育てようとしている。しかも、少年の個性を最大限に尊重しているのです。

晋作がひそかに植えた種子が、新時代にどんな花を咲かせ、実を結んでいたのか、気になるところではあります。

四境戦争勃発

広島まで軍勢を進めた幕府が、長州藩に突き付けてきた条件とは、長州藩主父子の蟄居《ちっきょ》

高杉晋作（慶応２年当時）

と十万石の削除でした。幕府としては精一杯の譲歩案です。

幕府は薩摩藩に出兵を拒否されていましたし、多くの大名や公卿たちも、長州再征に批判的なのを知っていました。批判の声が強かったのは、降伏した長州藩を攻める大義名分がはっきりせず、戦争になったら諸藩にとっても莫大な出費に苦しめられるからです。だから、幕府としてはできるだけ平和的手段で長州藩を屈服させ、威厳を保ちたいと考えるようになっていました。

ところが長州藩側としては、すでに最初の「長州征伐」で処分は終わったと考えています。にもかかわらず、私怨により朝廷の権威を利用し、再び攻めてくる幕府こそ「賊」なのです。幕府が天皇の許しを得て出した条件を蹴ったのが、慶応二年（一八六六）五月二十九日のこと。残る道は開戦しかありませんでした。

実は晋作には、あと一年足らずの生命しか残されていません。結核が晋作の肉体を、蝕《むしば》んでいたのです。東奔西走の毎日では十分休養する間もなく、しかも若かっただけに病の進行も急速だったのです。

ある時、晋作は亡き同志たちの霊前に、

「弔《と》むらわる人に入るべき身なりしに弔むらう人となるぞはづかし」

「後《おく》れても後れても又君たちに誓し言《こと》を吾忘れめや」

という和歌を捧げました。すでに数えの二十八歳にして、死に遅れたと後悔しているのです。幕末の悲壮な青春をよく表した歌だと思います。

さて、談判が決裂したため、幕府は諸藩の軍勢に号令し、長州藩の領土を四方からぐるりと取り囲み、六月八日をもって進撃を開始すると発令しました。

一方、長州藩では武士から庶民までが武装し、「決死防戦」の覚悟で迎え撃つ決意で燃え上がっています。

外国や幕府と戦い、何度も滅亡の危機を繰り返す間に、長州藩の庶民の間には、自分たちの故郷は自分たちで護らねばという意識が、強く芽生えていたのです。こんな藩は幕末、全国でも、長州藩だけと言って過言ではありません。

こうして、第二次幕長戦争の火ぶたは切って落とされました。戦いは大島口・芸州《げいしゅう》口・石州《せきしゅう》口・小倉《こくら》口と、いずれも国境で行われたため、長州藩ではこの戦いを「四境《しきょう》戦争」と呼びました。

晋作、最後の戦い

晋作は小倉口の海軍惣督（のち海陸軍参謀）を任じられます。北九州の小倉城に集結し、関門海峡を渡って下関に攻め込もうとする、幕府の軍勢との戦いを指揮する役です。長州藩はこの方面に、奇兵隊や報国隊の約一千を配備しました。対する幕府軍は小倉藩を先頭に、熊本・久留米・柳川・唐津藩や八王子千人同心など約二万（あるいは数万とも）の軍勢が動員されていました。

戦いの火ぶたは、慶応二年（一八六六）六月十七日早朝、長州軍艦五隻が海峡を渡り、北九州沿岸を攻撃したことで切って落とされます。

一千対二万。数のうえでは、到底勝ち目のない戦いに、晋作は得意の奇襲攻撃により、次々と敵を追い詰めて行きました。

幕府軍は多勢と言っても、諸藩から動員した烏合《うごう》の衆。別に長州藩に恨みを持っているわけではないから、当然士気もあがらない。

ところが長州軍は無勢ながら、ここで敗れたら自分の故郷が滅亡するという、背水の陣に立たされていますから、死に物狂いで抵抗します。

そんな戦いの最中、七月二十日のこと。将軍家茂《いえもち》が大坂城で病没しました。最高権力者が死んだため、戦う理由を失った幕府軍は解散し、諸藩の軍勢も帰国を開始します。そして八月一日昼、小倉勢は自ら城を焼いて退却。降伏を不服とする小倉藩の有志は、山間部の香春《かわら》（現在の福岡県香春町）に立て籠もり、年末まで長州藩に抵抗しました。

大島口・芸州口・石州口でも、一部は苦戦しましたが長州軍の勝利が続きます。

勅命を受けて休戦に持ち込もうと考えた幕府は、使者として勝海舟《かつかいしゅう》を広島に送り込んできました。

九月二日、安芸《あき》宮島で行われた幕府使節の海舟と、長州藩側の広沢真臣《さねおみ》・井上聞多らとの会談の結果両者の間に、休戦協約が結ばれます。

そして十二月二十五日、孝明天皇が崩御《ほうぎょ》すると、幕府はこれを機に長州再征軍の解兵を発令しました。

「休戦」「解兵」といえば幕府にとって聞こえがいいが、実際は藩主から庶民までが一丸となった長州藩に撃退されたのです。こうして幕府は、醜態を全国にさらけ出す結果となりました。

面白きこともなき世に

小倉城が落ちた頃から、晋作は病のため血を吐き、再び立ち上がれなくなります。当時は不治とされた結核にかかっていたのです。東奔西走の毎日では休む暇もなく、しかも若い分だけ、病の進行が速かったのでした。

戦線を離脱し、下関郊外の桜山に小屋を建てて療養生活に入った晋作は、

「人は人吾は我なり山の奥に棲みてこそ知れ世の浮沈《うきしずみ》」

「死だなら釈迦と孔子に追いついて道の奥義《おうぎ》を尋んとこそ思へ」

「太閤も天保弘化《こうか》に生れなば何もへせずに死ぬべかりけり」

等と詠んでいます。人を食ったような、ニヒルな歌が、いかにも晋作らしい。特に三首目は、時代が人間を作るのを、自覚していたことが分かります。

体調の良い時には、晋作は近くの招魂場（現在の山口県下関市桜山神社）に建てられた松陰の墓前で、酒を飲んで過ごすこともあったようです。松陰が死んで八年。その志は、大きく時代を動かそうとしていました。晋作はそれを、報告していたのかもしれません。

さらに晋作は、見舞いに来てくれた野村望東と、和歌を唱和しています。晋作が、

「面白きこともなき世に面白く」（「世を」は後世の改作と思われる）

と上の句を作ると、望東は、

「すみなすものは心なりけり」

と下の句を添えました。

面白くもない世の中だけど、面白く生きていきたい――晋作のそんな願望を、望東は、それは心掛け次第ですよ、と優しく諭《さと》したのでした。

ちなみに望東は福岡藩の勤王党弾圧に連座し、玄界灘姫島に流されましたが、晋作の指示を受けた兵士たちに救出され、当時は下関に迎えられていました。

晋作、死す

暮れも押し迫った頃、晋作は下関の病床から、故郷萩にいる父小忠太に手紙を書いていました。その中で晋作は、萩で暮らす、数え年三歳になる息子・梅之進（のち春雄・東一）の成長を喜んでいます。

梅之進を元治元年（一八六四）十月、妻マサとの間にもうけた晋作でしたが、共に暮らした時間は、ほとんどありませんでした。後年、マサが語ったところによると、晋作は

「いたって子煩悩《こぼんのう》」で、梅之進に対して、

「偉くなれ、偉くなれ、国の為に尽す様になれ」

と、話しかけていたそうです。

晋作終焉の地（下関市）

そして晋作は父に、子供を残せたこと、つまり武家の長男として血脈を絶やさなかったことが、自分のやってきた大不孝中、唯一の孝行だったと述べています。これも先祖のお陰と思うと、涙が落ちて止まらない晋作なのです。

志を貫くためとはいえ、心配する父を振り切った後ろめたさは、いつまでも晋作に付きまとっていました。

この晋作の手紙には、死に際し、萩の家族を思いながら歌を送った松陰と通じる人間的な温かさがあります。「歴史」を動かす者に、この温かさが欠けていては、いくら有能でも誰もついてゆくものではないのです。

父にあてたこの手紙を書いた四カ月の後、慶応三年（一八六七）四月十三日（命日は十四日）深夜、晋作は下関新地の林家の離れにおいて、数え年二十九歳の生涯を閉じました。

遺骸は奇兵隊の陣営があった厚狭《あさ》郡吉田村（現在の山口県下関市）の清水山に埋葬され、「東行墓」と正面に刻んだ墓が建てられます。ここは最も下関に近い、萩本藩の領地でした。死んでもなお下関にとどまり、この方面から攻め寄せる外敵を撃退せんと願った、晋作の思いからです。

また、家族は萩の松陰墓所の後方にも、晋作の臍《へそ》の緒と遺髪を埋めた墓を建てました。亡くなる寸前まで故郷に帰りたいと願った、晋作の思いを汲んだものです。

亡くなる前、晋作は訪ねてきた同志に向かい、

「ここまでやったから、これからが大事じゃ。しっかりやってくれろ、しっかりやってくれろ」

と繰り返したといいます。

高まる討幕の気運を確かに感じながら、自分の生命が残されていないと自覚する無念さは、いかばかりであったでしょうか。

マサ夫人は後年、

「いいえ、家族のものには別に遺言というのはありませんでした。『しっかりやってくれろ』が遺言といえば遺言でございましょう」

と回顧しています。

「困った」と言うな

晋作が没して半年後の慶応三年（一八六七）十月、将軍徳川慶喜《よしのぶ》は大政を朝廷に奉還。十二月には王政復古の大号令が発せられ、長州藩主父子に被せられた「朝敵」の汚名も、拭われます。

そして、翌年九月には「明治」と改元されました。

変革の風となって時代を疾走し、大きな風穴を開け、そして惜し気もなく歴史の舞台から去った晋作。その座右の銘は、

「男子というものは、困ったということは、決して言うものではない」

というものでした。

晋作から、この戒めを聞いたのは、幕末、土佐を脱藩して長州に走り、晋作に心酔してその「弟子」になっていた田中光顕《みつあき》という男です。しかも田中によると、この戒めを、晋作は父小忠太から聞かされていたというのです。

「自分は、父からやかましく言われたが、自分どもは、とにかく平生、つまらぬことに何の気もなく困ったという癖がある。あれはよろしくない。いかなる難局に処しても、必ず、窮すれば通ずで、どうにかなるもんだ。困るなどということは、あるものではない」

たしかに、どんな問題でも、「困った、困った」と連発し、立ち止まっていても何も始

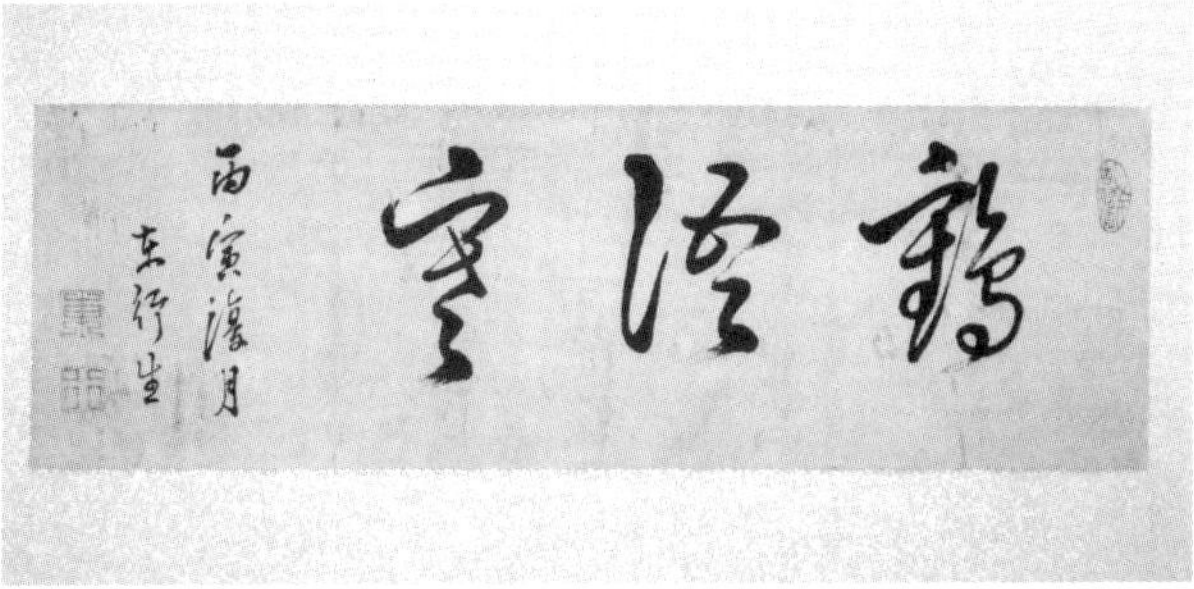

晋作最晩年の書「鶴語寒」（著者蔵）

まらない。そこから足を踏み出す時にこそ、人生は、そして時代は動き出すのです。

晋作が幾つもの壁に遮《さえぎ》られながらも、志を貫いた強さの秘密は、父から与えられた「困った」と言うな、という戒めにあったのです。

ちなみに田中は維新まで生き残り、明治政府に入って宮内大臣を務め、伯爵に列せられるなどの栄達を遂げ、昭和十四年（一九三九）三月、九十七歳の天寿を全うしました。

ある時、長寿の秘訣を尋ねられた田中は、このように答えたといいます。

「左様《さよう》なものは少しもない。もしあるとすれば、高杉が与えたこの一言にすぎない。『困った』という失望的言辞を吐露《とろ》せざるところにある」

付録①　松陰の家族

母・滝

弟・敏三郎

兄・民治

妹・文

妹・千代

妹・寿

若き日の父杉百合之助

書籍が溢れ返っていたという杉家で生まれ育った吉田松陰は、幼少のころから読書が大好きでした。そんな家庭環境を作ったのは、文政《ぶんせい》七年（一八二四）に他界した祖父の杉七兵衛常徳《つねのり》のようです。

七兵衛は杉家四代目の当主で、三度の食事よりも読書を好んだと伝えられます。妻との間に三男三女をもうけましたが、長男が松陰の父で五代目当主となった百合之助常道《ゆりのすけつねみち》でした。

七兵衛は百合之助が六歳のころから、十数年間、藩外に単身赴任します。この間、不在がちの父にかわり長男の百合之助が家のことを任されました。弟二人、妹一人の面倒も見ます。

ある時、七兵衛は江戸で論語の集註などの新刊書籍を求め、母を助けて留守を守る百合之助に送ったといいます（帰国時の土産とも）。

後年百合之助は「この時ほど喜ばしい事はなかった」と述べました。筋金入りの読書好き少年に育っていたのでしょう。

杉家は七兵衛の父の代から、萩城下の川島に居住していました。ところが百合之助が十歳の文化《ぶんか》十年（一八一三）三月、川島で大火があり、焼け出されてしまいます。それから一家は川上（現在の萩市）の親戚を頼った後、萩の東郊にあたる松本村に移り住みました。当初は村内の借家を転々とする不自由な生活だったといいます。

文政七年八月十八日、七兵衛が病没。翌月、二十一歳の百合之助が杉の家督を継ぐことを公認されました。

百合之助は熱心な勤王家で、皇室の衰えを嘆いていました。日本の神として崇敬していたのです。それが息子の松陰に多大な影響を及ぼしたことは確かでしょう。

松陰処刑後、遺書『留魂録《りゅうこんろく》』を読んだ百合之助は、わが子は日ごろの言動に背《そむ》かず、国に報いたと微笑みすら浮かべたといいます。慶応元年（一八六六）八月二十九日、六十二歳で没しました。

母滝のこと

杉百合之助が妻を娶《めと》ったのは文政八年（一八二五）十二月十五日、二十二歳の時のことです。新婦滝は二十歳でした。

滝は阿川毛利（藩主一門）の家臣村田右中の三女（五女とも）。しかし、毛利家の直臣である杉と、陪臣の村田とでは家格が釣り合わない。そこで滝は藩士児玉家の養女として、嫁いで来ます。

この結婚前後、杉家は松本村の護国山（東光寺山）南麓に近い団子岩と呼ばれる地に、引っ越して来ます。この地にあった、藩士八谷聴雨の別荘が売りに出されていたので、買ったのです。その費用は、滝の実家児玉家が出したとも伝えられます。

そのころ杉家には百合之助の母と二人の弟、一人の妹が同居しており、半士半農の貧しい暮らしでした。そうした中で滝は常に笑顔を絶やさず、夫と共に野を耕し、山で薪を拾い、寒いときも暑いときもともに働いたといいます。

夫婦は三男四女（三女艶《つや》は夭逝）に恵まれますが、次男が吉田家を継ぐ松陰です。夫の百合之助は農作業を行いながら、四書五経や歴史書を長男の梅太郎と次男の松陰に暗唱口授で教えたりしました。

四女の文《ふみ》は後年、

「母は子供の躾はやかましくなかったのであります。兄松陰さんなどにも、やかましくは言わなかったのであります」

と語り残しています。滝は男児の教育は夫に任せていたようですが、娘たちの躾は自分の任だと考えていました。文は次のように続けています。

「只私ども、女には、女は堪忍強くなければならぬと話されました。又外には出るな、物見、見物にも出るなと申されました……貧乏の中にありながら、私共の教育には心を用ひてくれられまして、どんなに忙しい時でも、学問することだけには時間を与へてくれられましたので、家事の為めに学業を欠いたことはないのであります」

その一方で駄洒落で周囲の皆を笑わせるのが好きな、杉家の中の太陽のような存在だったようです。

百合之助の弟玉木文之進はめったに人を褒《ほ》めなかったそうですが、滝に関しては「男でも及ばない」と感心していました。

松陰が罪を得て帰って来たさいも、咎めることなく温かく迎え入れます。それどころか松下村塾寄宿生の衣食の面倒を見たり、夜食を作ったり、塾生に風呂をふるまったりと全面的な協力を惜しみませんでした。

松陰は「安政の大獄」で処刑されましたが、その時刻滝の夢枕に立ったそうですから、深い愛情で結ばれた母子だったのでしょう。

慶応元年（一八六五）、夫を亡くして以来、浄土真宗に帰依。晩年は皇室から恩賞なども受け、明治二十三年（一八九〇）八月二十九日、八十四歳で没。

吉田大助と玉木文之進

杉百合之助には吉田大助・玉木文之進という血を分けた弟がいました。杉家の階級は無給通ですが、ふたりとも学問に秀でていたこともあり、ワンランク上の階級である馬廻り（八組・大組）の家を継ぎます。

百合之助の次男松陰は五歳の天保《てんぽう》五年（一八三四）、吉田大助の病中仮養子となりました。その後大助が二十九歳で他界したため翌六年、家督を継ぎます。吉田家は、藩の山鹿流兵学師範です。八代目の当主となった松陰も、当然その仕事に就かねばならない。そこで、家族親戚たちは、徹底したエリート教育で幼い松陰を鍛え上げてゆきます。

叔父の玉木は特に、専門分野の兵学を熱心に教授しました。みずからも山鹿流兵学の最高位である、三重伝を得ていたのです。質実剛健をモットーとする、古武士のような文武両道の人だったと伝えられます。ただし学問的には保守的で、経書や歴史を好み、朱子学を重んじる半面、西洋の学問・技術は嫌ったといいます。

天保十三年、玉木は松本村新道の自宅に「松下村塾《しょうかそんじゅく》」を開きました。松陰や兄は他の近隣の少年たちとここに学びます（後年、松陰が塾名を継ぐ）。

スパルタ式教育の玉木は松陰に激しい折檻を加えることもあったようで、それを見た母滝などは、早く逃げればよいのにと歯痒く思ったといいます。

その後、玉木は地方代官などを歴任。藩主から特別手当を貰うと、そのまま貧民救済に使ったという、清廉な人柄を感じさせる逸話が残ります。また、遠縁にあたる乃木希典を居候させ、指導したこともありました。

明治になっても栄達を求めず、萩で再び塾を主宰して子弟の教育に尽くしましたが、明治九年（一八七六）十一月六日、不平士族の反乱「萩の乱」に門人が多数参加するや、先祖の墓前で自刃しました。享年六十七。

仲のよい兄杉梅太郎

杉梅太郎は百合之助の長男。幼少期は二つ年少の弟松陰とともに父や叔父玉木文之進から、農作業の傍ら学問をたたき込まれました。その兄弟仲の良さは、後年妹千代が次のように語り残しています。

「見る者誰れも羨《うらや》むるまねはなき程に仲善かりき。出づるも共にし、帰るも共にし、寝ぬるにも衾《ふすま》を共にし、食するには膳を共にす。たまさか膳を別々に供ふることあれば、一つ膳に取りなほしたる程なりき。影の形に伴ふ如く、松陰は兄に従ひ、其の命に逆ひたることは無かりしなり」

ただし、激しい情熱の人だった松陰に比べ、兄は少なくとも表面上はずいぶん冷静でおとなしい性格の人だったようです。杉家の跡継ぎという立場が、そうさせたのか。それでも暴走を続けた松陰を物心両面からサポートしたのは、みずからの内に秘めた思いを託したのかも知れません。

松陰が処刑されるや連座し、一時官職を追われます。のち役人として各地の民政に携わり成果を上げたので、明治二年（一八六九）には藩主毛利敬親から「民治《みんじ》」の名を与えられました。

明治九年十一月、四十九歳で退職して明治二十五年ころまで、松下村塾で子弟の指導にあたります。晩年は萩私立修善女学校の校長を務めたり、趣味として茶道を好みました。また、各地から見学に訪れる学生に松下村塾を案内するのも、楽しみだったようです。少年の昔、元旦に一日だけ学問を休もうと梅太郎が提案すると、松陰は「今日という日は今日限りで消えてゆく、無駄には出来ないから」と読書に耽ったという話を、学生に聞かせていました。長生きした兄と、生き急いだ弟のその後の道を暗示しているようでもあります。明治四十三年十一月十一日没、享年八十三。

思い出を語り残した妹千代

松陰には四人の妹がいました（三番目の艶は夭逝）。最も年齢が近く（二歳違い）、とくに可愛がられたのは千代だったといいます。のちに名を芳子と改めました。

千代は杉家が経済的に貧しかった時代を、二人の兄とともに両親を支えながら、弟妹の面倒も見ながら、乗り切りました。子供のころから母滝をよく手伝い、台所仕事や縫い物、洗濯、さらには馬の世話まで覚えたといいます。

天保十四年（一八四三）、父が百人中間頭と盗賊改（現在の警察署長のような役）の兼務を命じられ、家族から離れて萩城下に住むことになりました。そのさい十二歳の千代は従僕ひとりとともに父に従い、家事など身の回りの世話を焼きました。毎朝、父と従僕の弁当を作り、送り出したといいます。

のち、同じ松本村に住む藩士児玉初之進（祐之）に嫁ぎ、二男三女に恵まれました。アメリカ密航未遂で投獄された松陰に鰹節などを差し入れたようです。

松陰が千代に書き送った手紙では母の道や女性の生き方を説き、一は先祖を尊ぶこと、二は神明を崇めること、三は親族睦まじくすることが子供を育てる上で大切だ、などと教えています。その中で、とりわけ男児は母の教えを受けることが大であるから、さとすのではなく、みずから正しい姿を見せて感じさせるべきだなどと説く部分は興味深い。

明治の終わりから大正にかけて、雑誌『婦人の友』や『日本及日本人』の取材に応じ、松陰の思い出を語り残しました。大正十三年（一九二四）二月一日没、享年九十三。

刀を渡米青年に託した妹寿

二番目の妹寿（寿子・希子）は松陰より九つ年少で、十五歳の嘉永六年（一八五三）、長州藩の儒学者小田村伊之助（素太郎。慶応三年〔一八六七〕、楫取素彦《かとりもとひこ》と改める）に嫁ぎ二児（いずれも男児）をもうけました。

安政元年（一八五四）、長男が生まれた時、松陰は獄中からの手紙で寿の偏癖《へんぺき》（片寄った性質）を指摘し、子供に影響するから改めるよう諭しています。それは気丈な女性だったという意味でもあったようで、元治元年（一八六四）十二月、藩内政争のすえ夫が野山獄に投ぜられたさいは、二人の子供と留守を守っています。また、夜中にしばしば妹文を連れ、夫に差し入れのため獄を訪れました。文は獄の雰囲気を恐れましたが、寿は興味津々《しんしん》だったとの逸話も伝わります。

明治になり、群馬県令となった夫を支えました。明治九年（一八七六）三月、生糸輸出の新ルート開拓のため渡米することになった群馬県の青年新井領一郎に、松陰の形見の短刀を贈ります。寿は、

「この品は兄の魂がこめられているのです、その魂は、兄の夢であった太平洋を越えることによってのみ、安らかに眠ることができるのです」

と語りました（ハル・松方・ライシャワー『絹と武士』）。新井は「信頼に値する人間になること」を誓い、短刀を携え渡米。ニューヨークを拠点に市場開拓、販路確保に尽力

し、直輸出を成功させ日米貿易のパイオニアとなりました。

また寿は浄土真宗の熱心な信者で、本願寺から出張して来た小野島行薫を賛助したり、酬恩社という教会を設置したりと、群馬県下での布教活動にも尽力しています。しかし病気がちで、東京の次男宅で療養中の明治十四年一月三十日、四十三歳で他界しました。

末妹の文

松陰の天保十四年（一八四三）生まれの末妹が文《ふみ》です（ただし楫取家戸籍ではなぜか弘化二年〔一八四五〕生まれとなっている）。

海防僧として知られた月性《げっしょう》は、文を桂小五郎の妻にどうかと、松陰に勧めたことがありました。しかし松陰は愛弟子で将来を大いに期待していた久坂玄瑞に嫁がせます。安政四年（一八五七）十二月のことで、玄瑞は十八歳、文は天保十四年生まれとすれば十五歳でした。

玄瑞は十四歳で母を、十五歳で兄と父を相次いで失い、孤独な境遇にあったので、松陰は早く家庭を持たせようとしたのでしょう。

嫁ぐ文に松陰が贈った一文があります。その中でまず、「防長年少第一流の人物」玄瑞の結婚相手として、いまの文は幼くて適さないが、努力すればよいのだと励まし、夫に貞節を尽くすよう求めます。また、叔父の玉木文之進が文が生まれるや可愛がり、その名の一字を取って文と名付けたのだとも述べます。文という名は偶然ではないのだとし、その名にふさわしいように読書せよと言うところが松陰らしい。

しかし結婚生活は七年ほどでした。玄瑞は元治元年（一八六四）七月の「禁門の変」で敗れ、自害します。その間、東奔西走する玄瑞は、留守を守る文に手紙を書き送りました。先祖の墓参を頼んだり、教養を磨くよう諭したり、自らが関わる政治運動についても知らせました。これらは二十一通が伝わり、のち「涙袖帖《るいしゅうちょう》」と名付けられます。

玄瑞を失った文は実家で暮らしましたが、慶応元年（一八六五）九月から数年間、藩主世子毛利元昭の奥方銀姫に女中として仕えたりしました。そのさい、名を美和子としています。

明治十四年（一八八一）、楫取素彦に嫁いでいた姉希子（寿）が病没しました。当時楫取は群馬県令として多忙をきわめていました。母滝の勧めもあり、美和子は楫取と再婚。晩年は夫婦で瀬戸内の山口県防府市に移り住みましたが、その間にも楫取が貴族院議員を務めたり、夫婦で皇女貞宮多喜子内親王の御養育主任を任ぜられたりと、なかなか忙しかった模様です。大正元年（一九一二）に夫が八十四歳で没した後、静かに余生を楽しみ、大正十年九月七日没、享年七十九。

習字が得意な弟敏三郎

杉百合之助・滝夫妻の三男である敏三郎は生来の聾唖《ろうあ》でしたが習字が得意で、読書好きでした。父や兄が本を読んでいると、傍らに座っていたといいます。その容貌は兄松陰に最も似ていたとされますが、残された敏三郎の写真を見ると面長に切れ長の目などが、確かに肖像画の中の松陰にそっくりです。

「自ら聾唖常人にあらざることを悟りてより以来は他家に出入りすることなく、常に静座して縫糊の業をなし、祖霊祭奠の事をなす」と『吉田松陰全集』の略伝にあります。

松陰は社会的に弱い立場にある敏三郎を、つねに気遣っていました。それが松陰の人間観に、少なからぬ影響を及ぼしているとの指摘もあります。

松陰は嘉永三年（一八五〇）、九州遊歴のさい肥後熊本の本妙寺（清正公）を深夜に訪れ、敏三郎が物を言えるようになれることを一心に祈りました。また安政二年（一八五五）十月、野山獄中の松陰は、敏三郎の習字が上達した旨を知り、喜ぶ気持ちを母に手紙で伝えています。明治九年（一八七六）二月一日病没、享年三十二。

付録②　「松陰先生のことば」朗唱文

萩市立明倫小学校（萩市江向六〇二番地）は、多くの人材を輩出した長州藩校明倫館《めいりんかん》跡の敷地に建っています。

新しい時代を迎えた萩では、明治五年（一八七二）冬、瓦町に新堀小学校が開かれたのを皮きりに、同六年二月までに十の小学校が開設されました。この十の小学校は数次の分合を経、さらに数校を併せ、明倫小学校と称して旧藩校跡地を校地とし、明治十八年七月に開校します。

明倫小学校の敷地内には、明倫館碑、稽古場「有備館」、水練池（プール）、観徳門などが残り、長州藩教育の面影をいまに伝えています。

そして明倫小学校の教育で大きな特徴になっているのは、毎朝、「松陰先生のことば」が児童たちによって朗唱されることです。昭和五十六年（一九八一）から始まりました。「松陰先生のことば」は、松陰の遺文中から選ばれた一節です。言葉は各学年で異なり、学期毎に変わります。だから一年で三つ、六年間を明倫小学校で過ごせば、計十八の「松陰先生のことば」を朗唱することになるのです。

松陰は、自分が死んだら、骨はどこに捨てても構わないが、著作だけは残して欲しいと願っています。また、それが一番の供養になるとも述べます。志の上に生き、志の上で死ぬのです。たとえ、坊さんに一万回読経してもらったところで、その霊は慰められるものではありません。志を託した著作の保存こそが、最大の供養なのです。

残された者たちはその遺志を汲み、松陰の膨大な著作を大切に保存し、伝えようとしました。実現しませんでしたが高杉晋作もまた、野山獄中で松陰の全集編纂を考えてたことがあります。

松陰はわずか三十歳で亡くなったにもかかわらず、戦前、岩波書店から出版された山口県教育会編『吉田松陰全集』は、全十冊（普及版は十二冊）にもおよびます。

そう考えるとなお、古い木造校舎の中で子供たちが「松陰先生のことば」を朗唱する光景は感動的です。いまもその「志」は、確かに伝えられているのです。

ここでは明倫小学校の『学校要覧』より、実際朗唱されている「松陰先生のことば」を、意訳つきで紹介します。読者のみなさんも、ぜひ声に出して読んでみられてはいかがでしょうか。

心が清々しくなり、明日への活力が湧いてくることでしょう。

「松陰先生のことば」朗唱文

《一学期》

●今日《きょう》よりぞ　幼心《おさなごころ》を打《う》ち捨《す》てて　人《ひと》と成《な》りにし　道《みち》を踏《ふ》めかし　（一年）

今までは、親にすがり甘えていたが、小学生となった今日からは、自分のことは自分でし、友だちと仲よくしよう。（全集第六巻Ｐ七〇「松陰詩稿」彦介の元服を祝す）

●万巻《まんがん》の書《しょ》を読《よ》むに　あらざるよりは　いずくんぞ　千秋《せんしゅう》の人《ひと》たるをえん　（二年）

多くの本を読み、勉強しなければ、どうして名を残すような立派な人間になることができようか、しっかり勉強しなさい。（全集第六巻Ｐ一四五「松陰詩稿」松下村塾聯）

●凡《およ》そ生《う》まれて人《ひと》たらば　宜《よろ》しく人《ひと》の禽獣《きんじゅう》に異《こと》なる所以《ゆえん》を知《し》るべし　（三年）

人間として生まれてきた以上は、動物とは違うところがなければならない。どこが違うかというと、人間は道徳を知り、行うことができるからである。道徳が行われなければ、人間と

は言われない。（全集第二巻P三〇九「野山獄文稿」士規七則）

●凡《およ》そ読書《どくしょ》の功《こう》は昼夜《ちゅうや》を舎《す》てず　寸陰《すんいん》を惜《お》しみて是《こ》れを励《はげ》むにあらざれば其《そ》の功《こう》を見《み》ることなし　（四年）

読書の効果をあげようと思えば、昼と夜の区別なく、わずかの時間でも惜しんで、一心に読書に励まなければ、その効をみることはできない。（全集第三巻P三五五「講孟餘話」盡心上第三十九章）

●誠《まこと》は天《てん》の道《みち》なり　誠《まこと》を思《おも》うは人《ひと》の道《みち》なり　至誠《しせい》にして動《うご》かざる者《もの》は未《いま》だ之《こ》れあらざるなり　誠《まこと》ならずして未《いま》だ能《よ》く動《うご》かす者《もの》はあらざるなり（五年）

誠というものは人のつくったものではなく、天の自然に存する所の道である。この誠というものに心づいて、これに達しよう、これを得ようと思うのは即ち人の人たる道である。学んでこれを知り、つとめてこれを行うのは人たるものの道である。このように、誠の至極せる心に会っては、何物も感動されないものではない。誠というものはすべての元になるものである。（全集第三巻P一五六「講孟餘話」離婁上第十二章）

●体《たい》は私《わたくし》なり　心《こころ》は公《おおやけ》なり　私《わたくし》を役《えき》して公《おおやけ》に殉《したが》う者《もの》を大人《たいじん》と為《な》し　公《おおやけ》を役《えき》にして私《わたくし》に殉《したが》う者《もの》を小人《しょうじん》と為《な》す　（六年）

人間は精神（心）と肉体の二つを備えている。そして、心は肉体よりも神（神性）に近いが、肉体は動物に近い（自己本位）。ここでは、精神を公とよんで主人とし、肉体を私とよび、従者とする。すなわち、人間は公私両面を備えている。なお、精神を尊重するのは、良心を備えているからである。主人たる心のために従者たる肉体を使役するのは当然のことで大人（君子）の為すところ。これに反し、従者たる肉体のために、主人たる精神を使役するのは、小人（徳のない人）の為すところ。同じことを繰り返すが、肉体（私）を使役して、徳を修め、道を行うことに心がける者は大人、反対に、道心、天理（公）を犠牲にして肉体（私）の欲望を満足する事を目的とするものは小人。（全集第二巻P三九五「丙辰幽室文稿」七生説）

《二学期》

●世《よ》の人《ひと》は　よしあしごとも　いわばいえ　賤《しず》が誠《まこと》は神《かみ》ぞ知《し》るらん　（一年）

（海外渡航の企てについて）世間の人は、私のとった行動をよくないという人もいるだろうが、私の国を思う真心は神だけが知っているだろう。（全集第九巻P三九六）

●一己《いっこ》の労《ろう》を軽《かろ》んずるにあらざるよりは　いずくんぞ兆民《ちょうみん》の安《やす》きをいたすをえん（二年）

自分一己の事も骨身を惜しまず働くようでなければ、どうして多くの人のために尽すような立派な人間になれようか。（全集第六巻P一四六「松陰詩稿」松下村塾聯）

●志《こころざし》を立《た》ててもって万事《ばんじ》の源《みなもと》となす　書《しょ》を読《よ》みてもって聖賢《せいけん》の訓《おしえ》をかんがう（三年）

何事をするにも志（心のゆくところ・心ばせ）がなければ、なんにもならない。だから、志を立てることが第一である。書物（道徳の教えに関する）を読んで、聖人・賢人の教えを参考として自分の考えをまとめることが大切である。（全集第二巻P三二〇「野山獄文稿」士規七則）

●人《ひと》の精神《せいしん》は目《め》にあり　故《ゆえ》に人《ひと》を観《み》るは目《め》においてす　胸中《きょうちゅう》の正不正《せいふせい》は眸子《ぼうし》の瞭眊《りょうぼう》にあり（四年）

人の善し悪しを判断するには、その人の眼を見つめて、そのひとみに注意するより、ましな事はない。人の心に悪い事があれば、ひとみは隠す事ができない。心中正しければ、自然ひ

とみもはっきりしている。（全集第三巻Ｐ一五九）

●道《みち》は即《すなわ》ち高《たか》し　美《うつく》し　約《やく》なり　近《きん》なり　人徒《ひといたず》らに其《そ》の高《たか》く且《か》つ美《うつく》しきを見《み》てもって及《およ》ぶべからずと為《な》し　而《しか》も其《そ》の約《やく》にして且《か》つ近《ちか》く　甚《はなは》だ親《した》しむべきを知《し》らざるなり（五年）

人の道は高大で又美しく、同時に簡約であり、手近いものである。しかし、人はその高大で美しいのを見て、とても自分にはできないことだと、始めから決めてかかるが、（それは間違いであって）道徳というものは簡単なもの、手近い物であり、又最も親しむべきものであるということを知らない（日常生活と離れたものではない）。（全集第三巻Ｐ一一）

●冊子《さっし》を披繙《ひはん》すれば　嘉言林《かげんはやし》の如《ごと》く躍々《やくやく》として人《ひと》に迫《せま》る　顧《おも》うに人《ひと》読《よ》まず即《も》し読《よ》むとも行《おこな》わず　苟《まこと》に読《よ》みて之《こ》れを行《おこな》わば則《すなわ》ち　千万世《せんばんせい》と雖《いえど》も得《え》て尽《つ》くすべからず（六年）

本には　よいことがたくさん書いてある。よいことを知るだけではだめです。知ったことは、実行することが大事です。（全集第二巻Ｐ三〇九「野山獄文稿」士規七則）

《三学期》

●親思《おやおも》うこころにまさる親《おや》ごころ　きょうの音《おと》ずれ　何《なん》ときくらん（一年）

子供が親を慕う心持ちよりも、親が子を愛する親心は、どれほどまさったものであろう。死なねばならぬ私の便りを知って故郷の両親は、どんなに悲しむことであろう。（全集第八巻P四一八）

●朋友相交《ほうゆうあいまじ》わるは　善導《ぜんどう》をもって　忠告《ちゅうこく》すること　固《もと》よりなり（二年）

友達と交わるには、真心をもって、善に導くようにすすめることは、言うまでもないことである。（全集第三巻P一〇二「講孟餘話」）

●人賢愚《ひとけんぐ》ありと雖《いえど》も　各々一二《おのおのいちに》の才能《さいのう》なきはなし　湊合《そうごう》して大成《たいせい》する時《とき》は必《かなら》ず全備《ぜんび》する所《ところ》あらん（三年）

人には、それぞれ能力に違いはあるけれども、誰も一つや二つの長所をもっているものである。その長所を伸ばせば、必ず立派な人になれるであろう。（全集第二巻P一六八「野山雑著」）

●其《そ》の心《こころ》を尽《つ》くす者《もの》は　其《そ》の性《せい》を知《し》るなり　其《そ》の性《せい》を知《し》れば則《すなわ》ち天《てん》を知《し》る（四年）

人というものは、その心の奥底までをたどり究めて行けば、その本性の善なることが知れる。その性の善なることを知れば、その性はもと天から受けた所であるから、従って天が善を好むということが知れる。（全集第三巻P三〇八「講孟餘話」盡心上編首章）

●仁《じん》とは人《ひと》なり　人《ひと》に非《あら》ざれば仁《じん》なし　禽獣《きんじゅう》是《こ》れなり　仁《じん》なければ人《ひと》にあらず禽獣《きんじゅう》に近《ちか》き是《こ》れなり　必《かなら》ずや仁《じん》と人《ひと》と相合《あいがっ》するを待《ま》ちて道《みち》というべし（五年）

仁とは、仁を行う所の人のことである。人でなければ、人徳を行うことはない。禽獣に仁はない。故に、人徳なければ、人ではない。禽獣に近い人がこれである。それで、人徳と人の身と相合するとき、道というのである。（全集第三巻P三八五「講孟餘話」盡心下十六章）

●天地《てんち》には大徳《たいとく》あり　君父《くんぷ》には至恩《しおん》あり　徳《とく》に報《むく》ゆるに心《こころ》をもってし　恩《おん》を復《かえ》すに身《み》をもってす　此《こ》の日《ひ》再《ふたた》びし難《がた》く　此《こ》の生《せい》復《ふたた》びし難《がた》し　此《こ》の事《こと》

終《お》えざれば　此《こ》の身息《みや》まず　（六年）

天地には、万事を生々養育するという大きな徳がある。また、主君と父母とには、情愛にみちた恩愛、洪大な有難いご恩がある。天地の大徳と君父のご恩に対しては、心身の全力を尽してご恩報じにつとめねばならない。「一日再び晨なり難し」という古人の句があるが、今日の日が暮れると、今日という日は二度と来ないし、この生命も一旦死ぬれば、再びこの世に生まれ出ることはない。よって、前述したような報恩の事を成し遂げるまでは、少しの時間も無駄にせず、勉強でも、一生懸命つとめ励まねばならない。（全集第二巻P四四〇「丙辰幽室文稿」人に与ふ二編）

※註　本項の全集とは、大和書房『吉田松陰全集』のことをさす。

おわりに

日本人は明治以降、急速にヨーロッパナイズされ、心の中まで合理化が進みました。もちろん良い面もありましたが、損か、得かで物事を判断するという悪癖も生まれました。松陰や晋作のような、自らを律し、私を捨て去り、公に尽くそうとする武士としての「志」は、合理的に考えれば損な生き方に決まっています。だから忘れ去られました。

しかし、人間というものは損得だけで判断して生きていたら、どこかで心の中に空洞ができるものです。

大正デモクラシーを謳歌して育った若者たちは昭和のはじめ、武士道に生きた松陰や乃木希典《まれすけ》を「発見」して感激しました。新鮮だったのでしょう。松陰や乃木の伝記の出版点数が圧倒的に多いのは、この時期と重なります。昭和十年代だけで松陰の伝記は九十冊以上、乃木の伝記は七十冊以上出版されています。ただし、昭和のそれが精神主義に頼るしかない政治家や軍部に都合よく利用され、「愛国心」の権化として偶像化され、日本を最悪の結果へと導いた轍《てつ》だけは踏んでもらいたくないものです。

いわゆる「道徳教育」の中に松陰が利用されたもので有名なのが、昭和二年（一九二七）、文部省発行の『尋常小学修身書　巻五　児童用』です。この中の「第十七課　自信」が松陰の略伝なのですが、まず「十一歳の時、始めて藩主に召出されて兵書の講釈」を行った話があり、それからいきなり「二十七歳の時、郷里の松本村に松下村塾を開」き、「尊王愛国の精神を養ふことにつとめました」まで飛ぶのです。そして「其の弟子の中かららりっぱな人物が出て、御国の為に大功をたてました」として、「身はたとひ…」の歌でしめくくられます。

なんと、脱藩、密航未遂、老中暗殺計画、処刑等にはひと言も触れられていない。ただの「片田舎」の塾の先生として紹介されているのですから驚きです。数々の法を破った人なのですから、「お上」に従う事を教える教育の中で、本来ならば使えるはずがないのです。松陰や晋作を利用しようとする風潮が出てきた時は、日本にとり危険信号だと考えたい。

世の中、政治も経済も教育も最悪です。最近はテレビニュースを見ても、新聞を読んでも、あまり腹も立たなくなりました。感覚が麻痺しているのも、恐ろしいことです。ある意味、悪事はやった者勝ち。必ずや相応の報いがあるという戒めは、必ずしも現実的ではないのも、よく分かります。

結局は、人間の心がおかしいのです。老若男女、心の目指す方向が定まっていないのです。こんな時代だからこそ、ひとりひとりが「志」や「道徳」を大切にして生きてゆかねばならないと思います。

松陰が二十歳の時に著した意見書では、国防の第一は「仁政《じんせい》」で、第二は「武備」としています。ここはとても重要です。国を愛さない、誇りに思わないのは教育のせいではない、政治が悪いからだと松陰は言うのです。「仁」とは情けであり、憐《あわれ》みです。そして、弱者を大切にする政治が「仁政」です。仁政が行われている国であれば、そこに住む人々は自然と国を愛し、当然ながら守ろうという気持ちを持つ。だから第一と第二の順序は変えられないのです。「愛国心」は政治家から押しつけられるものではありません。

本書で紹介した松陰と晋作が残した数々の言動は、日頃私自身が日常生活の中で思い起こす指針であり、励みにしているものばかりです。それが、ひとつでも読者の心に残るものがあれば、こんなに嬉しいことはありません。

ただ、限られた紙数とテーマであるため、松陰と晋作の生涯について書き落としたことが沢山あります。興味を持たれた方は、伝記や史料集を読まれることをお薦めします。

平成二十六年九月　　一坂太郎

本書は二〇〇四年小社より刊行された『松陰と晋作の志』に
加筆・修正を施し、再編集したものです。

一坂太郎(いちさか たろう)

一九六六年兵庫県生まれ。萩博物館特別学芸員、至誠館大学特任教授、防府天満宮歴史館顧問。近著に『高杉晋作考』(春風文庫)、『幕末「長州」史跡散歩』(洋泉社)、『幕末維新の城』(中公新書)、『高杉晋作と長州』(吉川弘文館)、『高杉晋作』(角川ソフィア文庫)、『吉田稔麿』(角川選書)など多数。講演会、テレビ出演も多い。

ベスト新書 452

吉田《よしだ》松陰《しょういん》と高杉晋作《たかすぎしんさく》の志《こころざし》

二〇一四年一〇月二〇日　初版第一刷発行

著者◎一坂太郎《いちさかたろう》

発行者◎栗原武夫
発行所◎KKベストセラーズ
東京都豊島区南大塚二丁目二九番七号　〒170-8457
電話　03-5976-9121(代表)

装幀フォーマット◎坂川事務所
印刷所◎錦明印刷株式会社
製本所◎株式会社積信堂
DTP◎株式会社オノ・エーワン

ISBN978-4-584-12452-9 C0221

３６６日 命の言葉
大橋巨泉
ISBN978-4-584-12421-5
定価／本体八〇〇円＋税

1年366日（2月29日を含む）、その日に亡くなった有名人が遺した言葉や、その人の一生を象徴する言葉を毎日一つ取り上げた「命日手帳」。一日一語。生きる勇気をもらえる故人の言葉。

人間、このタガの外れた生き物
池田清彦
ISBN978-4-584-12406-2
定価／本体八〇〇円＋税

人間のように戦争をし、環境破壊をする生物はいない。この「タガの外れた生き物」は、しかし、それでも生物であり、生物の限界を越えられない。生き物としての視点から見るユニークな人間論。

「余命３カ月」のウソ
近藤 誠
ISBN978-4-584-12401-7
定価／本体六八六円＋税

歩いて病院に行ける人間が余命3カ月なんてありえない。簡単に「余命」を言う医者は誠意がないか、知識がない。あるいはウソをついている。恐ろしいのはがんではなく、「がんの治療」――余命告知の常識に疑義を呈した問題作。

ウルトラマンがいた時代
小谷野 敦
ISBN978-4-584-12403-1
定価／本体七六二円＋税

ウルトラマンシリーズの中で、最も世相を反映していた『帰ってきたウルトラマン』を中心に、特撮・怪獣・ヒーローものを精査し、高度成長から停滞期へと入って行った一九七〇年前後以降の時代のアウラを救い出す異色の文化論。

職場で他人を傷つける人たち
香山リカ
ISBN978-4-584-12382-9
定価／本体七四三円＋税

職場で地位やなんらかの優位性を背景に他人の「人格と尊厳」を傷つけるパワーハラスメント。いま日本でそれが急増している。パワハラは個人の問題なのか、組織の問題なのか、それとも社会の問題なのか。

大阪維新で日本は変わる!?

福岡政行

定価／本体七一四円＋税
ISBN978-4-584-12379-9

大阪維新の会の勢いが止まらない。「ケンカ殺法」「創敵バッシング」と呼ばれる橋下徹大阪市長の手法が受けている。ローカルパーティーズの大きなうねりが起きれば、今度こそ政界再編の「第三の選択」となる可能性も夢ではない。

大阪・関西の「謎と不思議」を歩く

若一光司

定価／本体一〇〇〇円＋税
ISBN978-4-584-12374-4

大阪ビジネスパークの地下には「幻のホーム」があった?「坂本龍馬を斬った刀」が語る「幕末最大の謎」の真相は?新名物「うどん餃子」とは一体何?やっぱ関西はオモロイで!魅惑スポットをカラー写真で紹介するまち歩きガイド。

金正恩――謎だらけの指導者

重村智計

定価／本体七〇五円＋税
ISBN978-4-584-12366-9

出生地不明、年齢不明、肩書きほぼなし、肉声わからず、「三男」どころか「息子」かどうかも発表なし。この男、一体何者なのか?　集団指導体制のお飾りか?「金正恩」というミステリーを解く迫真の緊急出版!

NHK独り勝ちの功罪

小田桐　誠

定価／本体八〇〇円＋税
ISBN978-4-584-12359-1

NHK独り勝ちの時代が到来した。しかし、それは視聴者にとって必ずしも喜ばしいことではない。「公共放送」はきちんと視聴者のほうを向いているか。第1章では、震災・原発報道の初動70時間を民放と徹底比較!

放射線医が語る　被ばくと発がんの真実

中川恵一

定価／本体七六二円＋税
ISBN978-4-584-12358-4

放射線医として長年がん患者の治療に携わる著者が、福島での調査や広島・長崎、チェルノブイリのデータ分析も踏まえ、被ばくと発がんリスクについて丁寧に語る。多くの人の不安や疑問に応える一冊。

ベスト新書　好評既刊

子供の名前が危ない

牧野恭仁雄

定価／本体六八六円＋税
ISBN978-4-584-12357-7

亜明日であーす、一女でぃおな、里羅楠でりらっくす…。驚くべきことに、こうした名前をつけられた子供には、社会的ステータスの低さや犯罪傾向までが指摘されている。こうした〝珍奇ネーム〟が溢れる背景とは。

断捨離エイジング　ひき算の効用

やましたひでこ

定価／本体八〇〇円＋税
ISBN978-4-584-12355-3

「断捨離エイジング」とは、「自然に、素敵に、ごきげんに年を重ねる生き方」へのお誘い。新・片づけ術である断捨離をベースに、どうやったら若々しく、瑞々しく年を重ねていくことができるのか？　その実践法を具体的に紹介する。

「平家物語」愛と滅亡のドラマ

見延典子

定価／本体八一九円＋税
ISBN978-4-584-12354-6

栄枯盛衰の物語として有名なこの歴史絵巻を、人間ドラマとしての側面に光を当てて描いた一冊。運命に翻弄された人々の姿が生き生きと蘇る。大河ドラマ『平清盛』をより楽しむための必読書。写真・地図つき。

老化を防ぐ！　毒出しの秘方

蓮村誠

定価／本体八〇〇円＋税
ISBN978-4-584-12351-5

いくつになっても「頭」も「体」も若々しく元気に！　そのためには、「いま」「この瞬間」が大切。老化が引き起こす〝不調〟がぐっと楽になるアーユルヴェーダの考え方・生活スタイルとは？

すごい和食

小泉武夫

定価／本体七九〇円＋税
ISBN978-4-584-12350-8

長寿、子宝、心身の安定……。今や全世界に広がる和食ブーム。「魔法の力をもつ」和食の秘密を、食の冒険家・小泉武夫博士が徹底紹介。東北各県の「うまいもの・ひと口コラム」も絶品。和食の魅力が存分に味わえる一冊。

「昔はワルだった」と自慢するバカ
小谷野　敦

定価／本体七五二円＋税
ISBN978-4-584-12349-2

古くは聖アウグスティヌスから、ルソーの『懺悔録』、森鷗外の『舞姫』など、男には「昔はワルだった」というひとつの自慢の形態がある。小説「母子寮前」が芥川賞候補となった著者の、鋭くもおかしい文学譚。

北海道　地名をめぐる旅
合田一道

定価／本体八一九円＋税
ISBN978-4-584-12345-4

地名をめぐる旅の第二弾。峠にまつわる意外なエピソード、海沿いの町の物語、湯煙の里、湖と湿原など、地名の由来を通して北海道の新しい魅力が再発見できる。写真・地図・アクセス情報満載。旅のお供にしたい一冊。

名古屋　地名の由来を歩く
谷川彰英

定価／本体八三八円＋税
ISBN978-4-584-12344-7

多くの戦国武将を生み、ものづくりの街として発展してきた名古屋にはどのような歴史物語があるのか。作家・谷川彰英が尾張名古屋の地を丹念に歩き徹底調査。日本の原動力とも言える都市の歴史伝説をつきとめる！

ピンチの本質
桜井章一

定価／本体七八一円＋税
ISBN978-4-584-12341-6

ピンチとはそもそも何なのか？　社会への絶望感、先の見えない不安感など、戦後最大の危機に押しつぶされてしまっている状況が続く日本。伝説の雀鬼が、こんな時代だからこそ、チャンスを摑めるワザを伝授する。

楽々往生
老いを輝かせる12の心得
帯津良一

定価／本体七六二円＋税
ISBN978-4-584-12340-9

日本人の平均寿命が伸びるにつれ、長くなってきた「老後」。誰もが人生最後のステージを輝かせ、潔く旅立ちたい。多くの患者に寄り添い、様々な形の「旅立ち」を見送ってきた医師が本音で語る、老いてこそ得られる智恵。